ismail xavier

alegoria, modernidade, nacionalismo

CADERNOS
ULTRAMARES

ORGANIZAÇÃO E PROJETO GRÁFICO

Marcos Lacerda, Ana Paula Simonaci e Sergio Cohn

CONSELHO EDITORIAL

André Botelho

Bernardo Esteves

Boaventura de Souza Santos

Evelyn Goyannes Dill Orrico

Fréderic Vanderberghe

ISBN 9786586962505

azougue press |
coordenação geral Sergio Cohn
coordenação editorial
Sergio Cohn — Darien Lamen — Cristián Jiménez Plaza
Brasil | CNPJ 12.272.339/0001-26
Portugal | Oca Editorial NF 515805394
USA | E. Id. 803650511
Chile | Tucán Ediciones RUT 77.369.106-1

A proposta dos Cadernos Ultramares é transpor fronteiras. Não apenas geográficas, com a edição de um amplo panorama do pensamento brasileiro para o público português, mas também entre as áreas do saber, criando uma coleção transdisciplinar, acessível não apenas para leitores especializado, pesquisadores e acadêmicos, como para interessados em geral.

Para isto, os Cadernos Ultramares privilegiam a leveza do ensaio, a "brigada ligeira", utilizando-se de um gênero marcado pela abertura e experimentação, uma forma privilegiada para a proposição e a apresentação de interpretações da cultura e da sociedade. Nos últimos anos, o gênero ensaio tem sido revalorizado como um importante meio de diálogo entre a pesquisa acadêmica e a sociedade.

O Brasil possui uma produção riquíssima de pensamento em diversas áreas, que vão da física à antropologia, da matemática às artes. Os Cadernos Ultramares, ao trazerem importantes textos de alguns dos nossos mais renomados pensadores, sejam clássicos ou contemporâneos, busca possibilitar ao leitor um olhar amplo e qualificado sobre essa produção.

Interessa-nos a constituição de um diálogo entre áreas, de uma conversa aberta que escape das armadilhas do pensamento especializado e do produtivismo acadêmico. Interessa, antes de tudo, a valorização do encontro do leitor com o sabor do texto, do prazer da leitura e da troca livre de pensamento.

apResenTação

POR SeRGiO COHN

Ismail Xavier [1947] é um dos principais críticos cinematográficos em atividade. O seu esforço em atualização e ampliação do pensamento sobre o cinema no Brasil tem se mostrado efetivo em duas direções — na divulgação de importantes ensaios na área, em coletâneas como *A experiência do cinema*, publicada em 1983, trazendo textos seminais de uma ampla gama de autores internacionais, de Luis Buñuel, Sergei Eisenstein e Dziga Vertov a André Bazin e Stan Brakhage, e na própria produção crítica, em livros já considerados fundamentais como *Sertão-Mar — Glauber Rocha e a estética da fome*, de 1980, *Alegorias do subdesenvolvimento — Cinema Novo, Tropicalismo, Cinema Marginal*, de 1993, e *O olhar e a cena*, reunião de ensaios de 2003.

Ismail Xavier sempre aliou na sua crítica a análise cerrada, corpo a corpo, de obras com uma reflexão ampla não apenas sobre o cinema, mas sobre a cultura e a sociedade, criando diálogos com questões políticas e de outras áreas do saber. Em Ismail, assim como em seus orientadores Paulo Emilio Sales Gomes e Antonio Candido, o rigor crítico se alia ao espírito interventivo.

A partir desta formação crítica com grandes nomes do pensamento paulista e da sua experiência de pesquisa em Nova York, realizou um esforço de revitalização do pensamento e revalorização da obra fílmica brasileira, especialmente Glauber Rocha e o Cinema Marginal, repensando de forma corajosa o cinema moderno: "Procurei combinar a minha formação cultural e teórica obtida com os mestres da revista *Clima* — Paulo Emilio e Antonio Candido — com o choque do empirismo norte-americano que ainda deixa traços na minha preocupação em descrever (o que não é um ato inocente) e em chamar os exemplos que evidenciam uma 'verdade teórica' apenas enunciada, o que, em termos de crítica, significa dizer onde, no detalhe do filme, se mostra como imagem e som 'produzem' o sentido afirmado. O esforço foi então o de apurar a análise formal, pois é na forma que procuro encontrar os nexos entre cinema e sociedade, estética e política, incorporando, enfim, uma tradição que, no Brasil, passa por um crítico como Roberto Schwarz e, no contexto nova-iorquino, pelos que tinham sido alunos de Clement Greenberg".

No presente volume de Cadernos Ultramares, trazemos dois ensaios centrais da sua obra. O primeiro,

"Alegoria, modernidade, nacionalismo", publicado originalmente no livro *Doze questões sobre literatura e arte*, editado por Adauto Novaes para a Funarte, em 1984, é uma apresentação crítica sobre o conceito de alegoria, que posteriormente viria a ser central na sua obra *Alegorias do subdesenvolvimento*, tese sobre o cinema e a cultura brasileira dos anos 1960 e 1970. O texto traz um amplo panorama em torno do conceito, finalizando com uma reflexão sobre alegoria e identidade nacional, dialogando com autores como Roberto Schwarz, Silviano Santiago e Gilberto Vasconcelos.

Segundo o próprio Ismail, falando sobre o uso do termo em seu livro, em entrevista de 1993 realizada por Ivana Bentes: "o uso de alegorias não foi exclusivo do cinema. Já se escreveu sobre a alegoria na canção tropicalista, no teatro, e como uma chave para se pensar a arte brasileira daquele período dos anos 1960. Retornei a questão para especificar melhor as diferentes formas de alegoria, saindo um pouco da visão unificadora do período e apontando as relações do cinema com outras artes. Não me ative à teoria de alegoria de Walter Benjamin, referência inicial. Usei diferentes acepções do alegórico. Fundamental foi apontar a relação entre modalidades de alegoria e noções como tempo, história, política".

O outro ensaio, "Cinema brasileiro moderno", se tornou um dos textos mais importantes de apresentação da produção audiovisual brasileira entre 1950 e 1990. Versão atualizada do original publicado no catálogo da retrospectiva do Cinema Novo e do Cinema Marginal organizada na Itália, em Turim, por Marco Giusti e Marco Melani em novembro de 1995, dentro do Festival Internazionale Cinema Giovani, o texto ganhou edição brasileira em 2001. Sintético e claro, o texto traz de forma primorosa as ideias, o contexto e a produção do cinema brasileiro em um dos seus períodos mais férteis, não fugindo em nenhum momento do embate crítico com a realidade, com as questões de política cultural e os desafios que permeavam os filmes nele apresentados.

Alegoria, Modernidade, Nacionalismo

A noção de alegoria aparece muito no discurso sobre a arte contemporânea e há toda uma discussão em torno de alguns momentos da produção cultural, no Brasil, onde se utiliza essa noção para caracterizar determinadas estratégias dos artistas — formas de construção e de montagem — e determinadas relações entre obra e contexto social. A estratégia alegórica é então abordada em dois aspectos: o da descrição da textura e estrutura da obra e o da discussão da postura do artista diante da sociedade. Há, neste último caso, uma polarização da crítica entre o defender o alegórico como resposta lúcida frente à experiência contemporânea e o atacar o alegórico como insuficiência, como sensibilidade para a crise que exprime contradições, mas não vê claro. A bibliografia sobre o tropicalismo está marcada por essa polarização, num debate dos anos 1960 e 1970 que começou com as reservas de Sérgio Ferro endereçadas à colagem *pop* e, quando da eclosão do movimento — 'variante brasileira do *pop*' (Roberto Schwarz) —, desenvolveu-se com artigos como o de O. C. Louzada na revista *Aparte* (1968), a grande síntese do próprio Roberto Schwarz e as respostas de Gilberto Vasconcelos, Silviano Santiago e Celso Favaretto.

Por ora, antes de focalizar este debate e outras questões onde o falar sobre a alegoria intercepta a polêmica sobre a identidade nacional, pretendo fazer um recuo, indo para um plano mais abstrato, mas procurando um retrospecto que ajude a entender o que, afinal, as pessoas estão querendo dizer quando falam em alegoria no contexto atual. Pois elas falam, sabendo ou não, a partir de tradições distintas que implicam em conotações diversas, sendo útil um balanço — mesmo que breve — para evitar que nos atrelemos a uma acepção do alegórico marcada demais pelas diluições próprias ao mecanismo do que, independentemente do seu valor, está na moda.

Em primeiro lugar, há que lembrar a noção que vem da tradição clássica, para em seguida percorrer algumas de suas particularizações comprometidas com momentos específicos da história. Desde a tradição greco-latina, alegoria — etimologicamente, *allos* (outro)

+ *agroreuein* (falar na assembleia, falar em público na praça) — traz a ideia de falar uma coisa querendo dizer outra, de um manifestar algo querendo fazer presente algo outro. Tal definição, apoiada na retórica antiga, é muito genérica e não é especialmente esclarecedora para a discussão contemporânea. Carrega, no entanto, dentro de si a ideia fundamental de fratura entre espírito e letra, entre algo manifesto e um sentido não explicitado que o discurso contém de forma disfarçada. Já traz, portanto, um reconhecimento de que a linguagcm, se é expressão, não é o lugar da imediatez, havendo a mediação reconhecida de uma convenção que se interpõe entre fala e experiência. Detecta-se aí um dado de afinidade com a atmosfera teórica atual, onde a todo momento fica acentuada a espessura própria da linguagem e sua relação problemática com a experiência. Esta definição clássica, porém, salienta apenas o que podemos chamar de 'intenção alegórica' — a existência de uma atitude do falante tornada possível pelo próprio mecanismo da linguagem. Até aqui, nada foi dito sobre as características do discurso, sua organização interna; qual é, afinal, a textura da fala alegórica. Um tratado recente (1964) sobre a alegoria como modalidade de representação, o do ensaísta norte-americano Angus Fletcher, apresenta observações que pretendem ter um alcance geral justamente nessa caracterização de textura, independente das transformações que a expressão e a leitura alegórica sofreram ao longo da história. O traço que Fletcher acentua como próprio à alegoria é o caráter descontínuo das organizações das imagens. Segundo ele, o discurso tipicamente alegórico apresenta brechas, lacunas, e tal particularidade tende a colocar o receptor numa postura analítica: "qualquer enunciado fragmentado assume a aparência de mensagem cifrada que solicita o deciframento".

A observação de Fletcher implica a conexão entre alegoria e incompletude, de tal modo que fica exigida a interpretação elaborada para que se capte o sentido (oculto) do que nos é dado. A concepção tradicional da alegoria, sem se comprometer com a ideia de descontinuidade, ressalta a intenção de ocultamento e tende a conceber o sentido como algo *a priori*, de modo a transformar o processo de produção e recepção da alegoria em um movimento circular composto de dois impulsos complementares: a produção corresponde à operação de ocultamento — a verdade se esconde sob a superfície do texto; a recepção corresponde à operação inversa pela qual o leitor provoca a imersão reveladora. Estudos do problema da alegoria que tenham uma orientação teológica tendem a acentuar esse movimento circular, e o sentido (verdade) é assumido como algo que antecede o texto da revelação divina — sinal de percepção precária em função das limitações do homem. Se já se evidencia nesse caso a ideia de incompletude, de enunciado truncado, esta se põe como um reconhecimento dos limites trazidos pela tradução, para uma linguagem inteligível ao homem, da mensagem das forças que regulam o cosmos, da palavra de Deus (verdade infinita); ou então como reconhecimento da ação corruptora do tempo (contingência humana) sobre uma escrita ou sinal que, num dado momento do passado, mais puro, mais paradisíaco, era inteligível aos antepassados do homem que viveram o privilégio da origem, da instauração. Na perspectiva cristã, é a própria textura da história que se transforma em alegoria (lugar de incompletude que solicita preenchimento), na medida em que se olha para a experiência humana no tempo como um desenrolar do plano divino, o homem vivendo um drama cósmico de culpa e redenção.

Dentro dessa perspectiva teológica a alegoria, entendida como manifestação de uma linguagem especial ou sagrada, tem uma natureza enigmática determinada pelo 'ocultamento intencional', jogo de senhas necessário à salvaguarda da verdade, cifra dos deuses disponíveis à leitura tanto mais lúcida quanto mais iluminado o intérprete. É preciso ter a chave do enigma, ter passado por uma educação especial e por ritos de iniciação, ser o sacerdote capaz de ler o oráculo, adivinhar o essencial a partir dos sinais da natureza.

Quando inserido numa perspectiva política, enquanto manifestação de conflito de poderes em circunstâncias históricas determinadas, o caráter cifrado da alegoria é astúcia diante da censura, solução de compromisso para dizer, com todo o cálculo, o proibido sob o manto do permissível. Neste particular, os exemplos são inúmeros e as estratégias variadas, os agentes da intenção podem ter diferente natureza conforme o nível onde se dá o jogo e o conflito de forças. Aqui, o que me interessa ressaltar é o quanto, novamente, a alegoria que resulta do compromisso entre repressão e expressão está também marcada pela ideia de uma intencionalidade no ocultamento, fato que sanciona a admissão de que há um significado atrás do que aparece, sendo legítima a busca de interpretação para resgatá-lo. A modalidade do resgate depende do método e do referencial teórico (lembremos a psicanálise e seu rastreamento das pulsões recalcadas).

Num terceiro aspecto a alegoria traz ainda esse mesmo circuito de ocultamento/revelação: trata-se do caso em que ela é vista enquanto experiência pedagógica, seja na forma da 'imagem sensível' que facilita a apreensão de um conceito (que lhe antecede), seja na forma de um desafio que a boa mensagem — no sentido moral — apresenta ao leitor, tirando-o da preguiça e o recompensando com o prazer renovado da descoberta que resulta de um esforço em decifrar. Este último aspecto da alegoria, tão consagrado pela tradição quanto os dois primeiros, afirma-se em diferentes operações: desde a leitura da mais inocente fábula de cunho didático até a leitura complexa de uma rede de enunciados encontrados na mitologia. É na relação com o mito, enquanto forma particular de interpretá-lo, que a alegoria encontra, historicamente falando, sua origem. O problema da alegoria é, por exemplo, nítido na Grécia no momento em que, no século V a.C., se coloca em cheque a letra do arsenal mitológico, no momento em que se põe em dúvida a narração mítica como apresentação da verdade do que se define como o comportamento dos deuses e do que é acontecimento prodigioso na Idade Heroica. Posta em dúvida a letra, é necessário discutir o espírito (sentido) do texto mítico, é necessário interpretá-lo, resgatar seu valor trazendo à tona exatamente aquilo que nele não está manifesto, legitimá-lo ao subordiná-lo a um sistema de conceitos que explicam sua 'linguagem cifrada'. A referência que o mito traz a fatos acontecidos no espaço e no tempo, sua narração, fica transformada em dispositivo imaginativo que, de modo deslocado, expõe conceitos. A leitura alegórica é a expressão da crise da transparência do mito, é sinal de que ele não tem mais aquela mesma vigência integral de antes; ao mesmo tempo é também, dentro da própria crise, um elemento de resgate, de recuperação do sentido, uma vez assumida a não-verdade da letra. A alegoria é uma solução de compromisso que ficcionaliza (desqualifica) o texto do mito mas faz emergir sua verdade escondida (que está em outro lugar). Em todo o percurso, a mesma lógica: trata-se de desocultar o que foi supostamente ocultado (estratégia privilegiada de afirmação de novas verdades a partir das mesmas aparências).

Reiterado este circuito onde fica pressuposto um sentido (não revelado) e há o convite à interpretação, cabe destacar duas dimensões básicas nas quais o processo alegórico aparece como resolução de problema, atribuição de sentido que procura apagar diferenças. No eixo da temporalidade, a leitura alegórica pode aparecer como tentativa de transpor uma distância incomodamente reconhecida entre passado e presente: em geral o diálogo com a tradição — principalmente a religiosa — é o campo privilegiado dos conflitos de autoridade e legitimidade que se desdobram em estratégias alegóricas como arma de luta (uma nova interpretação instaura uma nova ordem). No eixo do conflito de culturas postas em contato em determinado momento, a alegoria se põe como dispositivo de reinterpretação da tradição do outro, como redefinição dos papéis dos signos, objetos de culto e imagens. Ou seja, a alegoria é aqui instauração de uma verdade aplicada às riquezas do outro, é instrumento de dominação, segmento de um projeto de hegemonia. A transformação do arsenal mitológico, do elenco de imagens pagãs, em material para a interpretação alegórica efetuada pelo cristianismo (cujo projeto é universal) é um exemplo desse processo de dominação. Pondo-se como verdade revelada para a humanidade, a religião cristã é foco de totalizações e tem forte tendência a absorver outras tradições, mapeando a história, estabelecendo o lugar de cada experiência cultural particular dentro do Plano. Nestes processos de dominação a operação típica é transformar as ruínas do vencido, os fragmentos do passado de uma cultura, os dados de outro, em peças da ordem totalizante do vencedor que, desse modo, apagam as descontinuidades da história e conferem sentido à experiência humana no tempo a partir de um centro instalado segundo sua perspectiva. A menos de sua acepção moderna, que nos ocupará adiante, a alegoria é sempre um movimento que caminha do fragmento, da incompletude, para a totalização, para o sentido pleno que é próprio à interpretação recuperar em favor de certos domínios e expansões.

O próprio cristianismo nos evidencia outras operações hermenêuticas, outras estratégias de redefinição de sentido, que marcam a multiplicidade dos processos alegóricos na cena histórica. Ao lado da 'demonização' da imagem pagã enquanto foco de idolatria que afasta de Deus (aqui há o tratamento alegórico de uma alteridade radical) encontramos outro movimento interpretativo peculiar, inaugurado como processo de leitura, pelo qual o cristianismo incorpora a tradição judaica. O Velho Testamento permanece legítimo enquanto palavra de Deus. Existe uma narração, uma Gênese, um discurso sobre o passado que retém sua verdade histórica e não pode ser desautorizado. Como estabelecer sua ligação essencial com o advento de Cristo e de sua Igreja? A solução é formular uma visão da história (documentada nos textos sagrados) em que cada evento notável prefigura (profetiza) um outro que o completa, estando ambos essencialmente ligados no grande plano divino, mesmo que sua ocorrência natural se dê em momentos distanciados no tempo. A esta maneira de ligar presente e passado, na base de um jogo de semelhanças impressos nos fatos, Erich Auerbach dá o nome 'figura' (no livro *Mito e alegoria*, Jean Pépin se refere ao mesmo esquema usando a noção de tipologia). Auerbach esclarece que o conceito de 'figura', referido a uma estratégia alegórica própria ao cristianismo, diz respeito a algo diferente da alegoria encontrada, por exemplo, na cultura grega. A leitura 'figural' da narração de um fato passado não retira deste sua veracidade histórica, sua condição de acontecimento que tem lugar e tempo. Apenas acrescenta, ao sentido literal da narração, um sentido mais profundo pelo qual cada fato se revela uma prefiguração dos eventos fundamentais do presente. Por exemplo, passagens da mitologia judaica — permanecendo história — são lidas como profecias, prefigurações de passagens do Novo Testamento; uma lógica (tipológica) profunda liga Adão e Moisés à Paixão de Cristo e ao projeto de salvação aí implicado. A figura de Adão engendrando Eva é, nessa tipologia, uma prefiguração do processo pelo qual a figura de Cristo engendra a Igreja Católica. Não se trata aqui, portanto, de transformar em ficção e desautorizar a velha narração para instaurar uma nova verdade; trata-se de organizar o tempo, encaixando a tradição; relacionar dois fatos distantes, 'enquanto fatos', e mostrar sua pertinência a um movimento de salvação, cuja natureza é teleológica; ou seja, passado e presente correspondem a etapas, fases, de um ca-minho ascensional dirigido a um fim: é o tempo final — a Redenção — que dá sentido ao movimento e nos permite explicar sua direção necessária. É a certeza de que se caminha numa determinada direção, é a certeza da salvação como termo final, que possibilitam a organização da experiência — este estabelecer o nexo entre passado, presente e futuro. A alegoria, neste caso, é dispositivo que organiza a história, define sua teologia, ata dois fatos históricos (ponto de partida e de chegada), num percurso diferente daquele em que interpretamos uma narrativa (espaço/tempo) e extraímos dela um conceito abstrato (Cronos devorando os próprios filhos como imagem da ideia de Tempo). A visão cristã confere sentido pleno, define uma direção, para a sucessão dos fenômenos históricos: instala o vetor da salvação. Não estamos no cenário da mitologia cósmica que fundamenta os ritos anuais como garantia da repetição cíclica do mundo dentro de uma ordem que é de eterno retorno. Estamos no terreno da história como processo evolutivo que tem fases e caminha para um fim (a versão laica dessa teologia cristã se cristaliza numa ideologia burguesa de dominação de natureza e de progresso linear rumo ao bem-estar na Terra — veremos adiante a questão da alegoria moderna e seu conflito com esta ideologia).

Com todas as diferenças frente à alegoria clássica, a nova alegoria cristã, de natureza histórica e calcada no drama de queda e salvação, marca-se pelo mesmo circuito já salientado: pressupõe-se sentido, e cabe à interpretação buscá-lo. Por essa via, a alegoria oferecida pela tradição se transforma em alvo de uma crítica que, em nome de voos mais livres da experiência, denuncia seu aspecto redutor: principalmente quando exagerada em seus esquemas, ela corresponde ao movimento de um espírito escravo da significação.

SÍMBOLO/ALEGORIA: UMA DISCUSSÃO TERMINOLÓGICA

Considerada a esfera da produção artística, o namoro que a alegoria tradicionalmente estabeleceu com a 'representação sensível' de conceitos gerou, a partir do romantismo, uma forte crítica a ela endereçada como 'discurso fechado', como forma destinada a simplesmente veicular noções já conhecidas. Compreende-se essa crítica, pois o abuso das construções alegóricas para fins didáticos, doutrinários, em diferentes contextos, havia levado a uma degradação de sua capacidade de instigar e abrir horizontes para o receptor. O artista preocupado com o processo criativo menos amarrado a conceitos vê na intenção explicativa acentuada um fator de esquematização que empobrece a experiência estética, atribuindo muitas vezes à alegoria *tout court* o que, na verdade, é próprio a situações em que um sistema de valores, uma ideologia, tendem a solicitar uma arte programática e encontram nos procedimentos alegóricos um terreno propício para suas lições. É inegável de qualquer modo que, uma vez instalada comodamente dentro de uma tradição, amarrada a uma doutrina (teológica, política, moral), a alegoria pode efetivar- se como uma caricatura, pobre, mecânica, fechada, do clássico processo de leitura instigado pela mitologia, cujas narrações e imagens, ao longo dos séculos, têm mantido seu desafio, sua vivacidade, seu poder de inspiração. Quando reduzida a tal caricatura, ela vê sua incompletude domesticada e com a função exclusiva de temperar o prazer de uma falsa descoberta, véu que encobre um terreno já mapeado. É exatamente nesse momento que ela se ajusta à crítica do artista romântico, mais afinado com a ideia da arte como ultrapassagem de limites, mais afinado com a defesa do caráter específico, irredutível, do mito (que não deveria, a seu ver, ser reduzido a uma significação a ele exterior). Para nós interessa caracterizar de que modo a crítica romântica à alegoria (em geral) instala uma polaridade cheia de problemas, mas de grande consequência para a reflexão estética nos tempos modernos: aquela que, em oposição à alegoria, oferece uma definição do 'símbolo' apta a servir de referência ao que os próprios românticos julgam seja o seu processo criativo. Segundo eles, o símbolo nos oferece uma experiência particular para a qual não existe, *a priori*, um referencial teórico definido que ele venha tornar sensível; pelo contrário, ele é o ponto culminante de um movimento orgânico de expressão e cristaliza, torna manifesta, uma verdade de alcance geral (universal) a que não teríamos acesso a não ser por essa via — é, portanto, o dado sensível para o qual não temos um conceito e, na qualidade de elemento deflagrador de uma nova intuição sobre a experiência, é insubstituível e intraduzível. A alegoria, ao contrário, é entendida como uma configuração sensível que, no particular, ilustra uma verdade geral que estava lá presente desde o começo, sendo o movimento de expressão comandado pela noção geral e sendo o material que serve de suporte para ela moldado mecanicamente para se adaptar ao que é ditado por essa noção. No que tange à alegoria, essa distinção é, no fundo, mais uma definição entre muitas outras e, fundamentalmente, seu efeito maior é criar uma tradição de resistência aos procedimentos alegóricos — uma tendência a colocar sob o rótulo da alegoria exatamente o que se rejeita. Ficam retirados muitos dos atributos que eram dela na visão de estetas do passado e, como a ela ficam entregues apenas os aspectos redutores de qualquer processo de significação, o símbolo sai privilegiado com todas as honras do que há de vivo e produtivo nesse processo. Nem sempre o uso atual dessas duas noções segue essa oposição ideal estabelecida por Goethe e Schlegel, entre outros, e é comum observarmos o seu uso mais informal, menos comprometido, como noções intercambiáveis (na tradição clássica, o esforço de distinção teórica mais usual era aquele entre alegoria e metáfora). Não há como colocar um termo à discussão terminológica e o essencial aqui é chamar a atenção para dois pontos básicos dessa dicotomia proposta pelos românticos. Há um primeiro aspecto da distinção que diz respeito ao elemento que tem precedência no processo: entende-se que, no caso da alegoria, parte-se do conceito (universal) e busca-se a configuração sensível (particular) capaz de representá-lo; no caso do símbolo, uma experiência se desdobra na criação de um elemento sensível (particular) que, organicamente, expressa uma ideia geral, oferece a intuição, sem conceito, de uma verdade universal através da experiência irredutível da arte (ou do mito quando compreendido sem as reduções próprias à leitura alegórica). Há um segundo aspecto na distinção que diz respeito à presença das convenções (arbitrárias) da linguagem no processo de expressão: a alegoria tenderia ao convencional, à aplicação de um código imposto às operações do artista por uma tradição (portanto, convenções que transcendem ao ato particular pelo qual o artista imprime sua experiência num dado material); o símbolo, como ato de expressão mais espontâneo da vivência e das iluminações do artista, não estaria sustentado na presença mediadora de um código já estratificado e, ao trabalhar seu material, o artista chegaria a uma configuração sensível qualquer por um processo imanente, de modo a garantir uma relação mais íntima, mais viva e substantiva entre a experiência e sua expressão. Deslocando um pouco, chegamos à célebre oposição entre o caráter mecânico da alegoria – pelo qual se impõe de fora para dentro uma determinada forma a um dado material — e o caráter orgânico do símbolo — pelo qual, de modo semelhante ao crescimento de um vegetal, a forma exterior é resultado de um movimento de dentro para fora e expressa, portanto, a interioridade. No símbolo, o que há de substancial para se expressar aí transparece, porque o modo de sua constituição faz dele o resultado de um movimento onde a força maior não está no cálculo ou no artifício, mas na natureza mesmo das coisas.

Esta ideia de um movimento necessário, portanto autêntico, de expressão, capaz de trazer à tona a natureza íntima de uma experiência ou de uma verdade, faz do símbolo exatamente aquele elemento privilegiado capaz de nos elevar ao que não é formulável em outros termos: estratégia clara de defesa da arte romântica e da mitologia, da sua verdade própria, contra as alegorizações do crítico ou do filósofo, contra a supremacia do espírito analítico próprio ao entendimento (institucionalizado modernamente na ciência). Estas formulações típicas ao anti-iluminismo romântico não lhe são exclusivas e, com adaptações e articuladas a outros fundamentos, têm sido retornadas por diferentes estetas, cristãos e marxistas. O mitólogo Jean Pépin, no livro *Mito e alegoria*, retoma as posições de Schelling de elogio ao mito e sua especificidade enquanto verdade; contra a leitura alegórica de determinados processos simbólicos do mito e da arte, faz a defesa por exemplo de Jung contra Freud, pois vê a psicanálise como uma redução racionalista que observa a criação de símbolos a partir de uma ótica (alegorizante) que estabelece um fundamento único, de natureza sexual, para toda a produção de cultura. George Lukács constrói sua estética a partir da distinção entre símbolo e alegoria proposta por Goethe, retomando-a sempre que faz a crítica da arte moderna, arte mergulhada no fragmento, incapaz de totalizar, experiência descritiva que reproduz as compartimentações do conhecimento científico positivista. Apesar das diferenças, Lukács e Pépin caminham juntos no seu humanismo preocupado com as 'reduções' e 'compartimentações' conceituais incapazes de captar a experiência histórica e cultural em sua totalidade.

Se retornarmos à ideia de início apresentada, seguindo Fletcher, de que há uma falta, de que há algo de insuficientemente expresso no texto alegórico, podemos trabalhá-la agora a partir da distinção entre orgânico e não-orgânico. O leitor da alegoria está diante de uma incompletude, enfrenta lacunas e seu esforço é procurar a lógica subjacente àquilo que parece não ter lógica (*vide* a psicanálise); ele procura um princípio de unidade, onde o que vê é uma reunião de coisas não congruentes. Muitas vezes se vê diante de uma montagem-colagem de elementos reunidos por uma operação cujo princípio está fora deles, elementos que formam um conjunto cuja ordem é a do mecanismo — as peças são radicalmente exteriores umas às outras — e não a do organismo vivo com sua solidariedade peculiar. Por outro lado, em sua incompletude e justaposições, a alegoria não traz a boa forma organicamente constituída como transfiguração de um mundo dotado de sentido; não dá nenhum testemunho daquela realização plena pela qual a forma bela é 'promessa de felicidade' (Stendhal). Ela traz a marca do inacabado, do trabalho minado por acidentes de percurso, por imposições, truncamentos de toda ordem, tudo que assinala o quanto a obra humana se dá no tempo, tudo o que testemunha o quanto o movimento de expressão, a ponte entre interior e exterior, o caminho entre a experiência particular e o objeto que a cristaliza, têm elementos mediadores, sofrem a incidência da linguagem e de suas convenções. Correspondendo, desde a origem, à leitura depois da 'idade da inocência', sabotadora das transparências (apanágio do mito), ela — não por acaso — se instala com toda força no centro da polêmica que envolve a arte moderna, num tempo que tem como traço característico essa consciência exacerbada da espessura própria da linguagem, do caráter problemático da interpretação. Se tradicionalmente, mesmo na controvérsia, era usual manter o 'sentido' a salvo e erigi-lo como termo natural de toda leitura, a modernidade, de olho nas fraturas e hiatos, fustiga a vontade de sentido do intérprete, põe em questão o circuito clássico de ocultamento/ desocultamento, conecta uma bomba de vácuo à máquina decifradora. Verdade, sentido, passam a ser resíduos de um idealismo não preparado para encarar de frente a descontinuidade insuperável entre a experiência e sua expressão, entre passado e presente, entre homem e natureza. Numa atmosfera desconstrutivista, perdem o prestígio noções como totalidade, evolução contínua, organicidade. Inverte-se a hierarquia de valores que, desde a formulação romântica, havia privilegiado o símbolo e descartado a alegoria. Desautoriza-se a 'intuição imediata' oferecida pelo símbolo e sua condição de 'carne do sentido' organicamente vinculada ao que expressa; estas virtudes são agora assumidas como tentativa ilusória de esquecer a mediação da linguagem, sua opacidade. O privilégio volta-se para a alegoria, instância privilegiada de consciência da linguagem, discurso que mergulha "nas profundezas (abismo) que separam o ser visível do sentido" (W. Benjamin — *A origem do drama barroco alemão*).

A citação de Walter Benjamin não é aqui casual, dada a sua posição fundamental no processo de recuperação da alegoria e sua utilização como noçãochave para pensar a arte moderna. É na direção do filósofo alemão que caminhamos nestes comentários, mas antes é preciso deixar claro o quanto seria ingênuo identificar suas posições com as dos desconstrutores franceses que polarizaram as discussões num período mais recente. Lê-se Benjamin hoje em dia o bastante para que saibamos a força de sua presença; muito lhe é tomado de empréstimo por diferentes estetas. No entanto, muito do que se fala sobre a alegoria no cenário contemporâneo é uma retomada particular, temperada pelas modernas teorias da linguagem, que radicaliza o diagnóstico da 'crise da representação', põe em questão o significado e faz uma ligação entre alegoria, opacidade e 'suspensão do sentido' que não corresponde às ideias de Benjamin. Este apresenta uma teoria da linguagem cujas reverberações teológicas são claras; no seu referencial há lugar para verdade e redenção, para a metafísica, e não se pode colocá-lo na mesma medida que o pensamento pós-estruturalista atual.

Tudo começa, em Benjamin, com uma teoria sobre o barroco, com uma reflexão que mergulha fundo na compreensão de uma arte correlata a uma aguda consciência de crise e envolta nos labirintos do mundo da danação terrestre, o homem afogado no tempo, separado do mundo da graça (dimensão utópica da salvação). Da reflexão sobre o barroco nasce um conceito de alegoria muito peculiar. Nele, é feita a crítica do símbolo romântico, da ideia de que na aparência se exprime a essência, de que a boa forma é o momento feliz que põe tudo em suspenso para oferecer a intuição imediata de uma verdade universal. Para Benjamin, pensar a questão do símbolo, para valer, é fazê-lo retomar uma dimensão teológica e colocá-lo dentro de uma problemática que sempre lhe foi própria: como pensar a relação entre o finito (natureza, homem, linguagem) e infinito (Deus, Verdade)? Como pensar a comunicação entre essas duas realidades incomensuráveis? A versão secular da ideia de símbolo, como aparência iluminada que exprime a essência, é já problemática; e o maior equívoco mesmo é — observa Benjamin — avaliar a tradição barroca a partir dessa ideia. O símbolo se associa a uma tradição que privilegia 'o espírito encarnado dentro da coisa', a relação orgânica interior/exterior sustentada por um movimento imanente de expressão. A sua emergência pressupõe manifestações, processos, onde homem e natureza, carne e espírito, mundo e verdade, encontram uma medida comum e compõem uma unidade: o homem inserido na natureza sente-se em casa, o espírito faz do mundo sua morada e, da experiência a mais imediata, sempre emana um sentido. A alegoria, segundo Benjamin, expressa justamente o contrário. É própria a uma sensibilidade que reconhece haver entre homem e natureza uma dissociação, entre espírito e letra uma fratura; uma sensibilidade que interroga o mundo das altas esferas, do qual se vê afastada, e acaba por mergulhar sempre mais no apego à experiência humana no tempo, efemeridade a que se vê condenada sem salvação, sem aquele processo teleológico de ascensão redentora. O fluxo do tempo aparece aqui como dado inexorável de destruição, morte, decomposição; o emblema maior dessa sensibilidade é a caveira. Se a tradição cristã medieval define uma teleologia de salvação, o desencanto barroco mergulha no abismo da não-teleologia, transformando todo o espetáculo da natureza em signo de morte. Antes de ser manifestação de um espírito encarnado em seu caminho de redenção, a história é campo de sofrimento e conflito incessante, trajeto destituído de razão, e se apresenta no barroco como história natural onde o tempo se cristaliza em ruínas, resíduos que, na simultaneidade espacial, tornam gráfica a sucessão dos desastres que põem fim às configurações de sentido (precárias) que desvitalizam, petrificam, as formas impressas pela cultura da natureza.

Dado este referencial, o filósofo resume sua concepção do alegórico numa fórmula clássica: "As alegorias são no reino dos pensamentos o que são as ruínas no reino das coisas." Na ruína, tenho um depósito da temporalidade disposto numa imagem (simultânea); nela, o tempo atua como erosão, de fora para dentro, como decomposição de algo desvitalizado. Monumento truncado de uma força viva do passado, ela tem também essa dimensão de desencanto, chamando a atenção para o lado perecível das coisas e, como imagem, pode ter o efeito devastador de inserir no presente um sinal de seu próprio futuro como pedra, fóssil. O olhar barroco é melancólico, desvitaliza, retira a organicidade do que o cerca; contempla o mundo como 'coleção de objetos' disponíveis para receber as significações que o alegorista aí projeta, incapazes de irradiar um sentido que emane de sua vida própria e interrelações Desvitalizados, os objetos colecionados podem participar de associações que algo (ou alguém) transcendente lhes impõe, estão aptos a funcionar como peças de uma montagem que instaura um todo descontínuo, não-orgânico.

Iluminada pela experiência barroca, a reflexão de Benjamin depura a noção de alegoria e a apresenta como matriz de alcance mais amplo, apta a dar conta de outros momentos da produção cultural. Dadas as afinidades próprias a esses dois momentos marcados por uma consciência de crise, a experiência moderna se põe talvez como o campo mais privilegiado de circulação da noção inspirada no barroco. Afinal, ela é um construto típico a uma sensibilidade que assimila o tempo como coleção de momentos descontínuos, o espaço como coleção de objetos. Dessa ideia de totalidade como coleção de elementos discretos fica eliminada a ideia de processo, de organicidade. Salta a primeiro plano a operação de 'retirar do contexto', 'libertar da cadeia'; cada objeto sob o qual deposito o meu olhar torna-se disponível à contemplação insistente que, esquecidas as relações, as continuidades, torna possível a 'iluminação profana' pela qual instauro um sentido inesperado e, em função dele, o objeto se 'salva'.

Para Benjamin, o mundo contemporâneo da mercadoria é de tal natureza em sua força de dissociação, alienação, que a sensibilidade alegórica — neste sentido da visão fragmentária — tem aí um papel revolucionário. Encara de frente a crise mascarada pelo otimismo burguês do progresso (a classe revolucionária é aquela que vê as realizações burguesas de hoje já como ruínas). Subverte as continuidades históricas estabelecidas pelo poder, recusa a teleologia que fundamenta as operações mercantis das classes dominantes e chama as transformações históricas pelo seu verdadeiro nome: catástrofes. Não se furtando à observação da barbárie moderna, a alegoria é expressão de desencanto lúcido que desautoriza uma visão ingênua do progresso como promessa de felicidade. Como estratégia típica à arte moderna, ela exacerba o que há de fragmentário, infernal, na experiência cotidiana, explicitando um sentimento de exílio no universo da mercadoria sem operar uma 'regressão mítica' própria a uma idealização pela qual a nostalgia do artista o levaria a imaginar belas totalidades. A alegoria moderna monta suas coleções de imagens e leva a dissociação, o não-orgânico, até o fim, numa imitação perversa, satânica, do estado de coisas, visando exorcizá-lo. A recusa da temporalidade do cálculo não gera uma defesa mítica de uma personalidade marcada pela inteireza, reduto de organicidade num mundo petrificado. Gera, como em Baudelaire, um mergulhar para valer na fragmentação, na experiência de choque; gera o enfrentamento com uma noção nova do que seja a interioridade, enfrentamento onde agora a dissociação homem/natureza, expressa pelo barroco, se transforma num dilaceramento interno do sujeito expresso pela lírica moderna: o próprio 'eu' se mostra como lugar do não-orgânico e o desencanto do artista moderno "vê a caveira por dentro". Se o surrealismo é objeto do elogio do filósofo, é por sua recusa das continuidades ilusórias do senso comum e por seu olhar oblíquo para o objeto 'retirado do contexto' e capaz de deflagrar associações liberadoras de dados recalcados; a memória capaz de ir fundo na experiência é involuntária e sua capacidade de resgatar o passado se abre a partir de uma percepção trazida pelo acaso, efêmera, surpreendente, mostrando o quanto a verdade do sujeito lhe escapa, o quanto a sua identidade está longe de lhe ser transparente.

Memória involuntária, passado/presente, interioridade como coleção de momentos dispostos em mosaico, são temas proustianos que Benjamin retorna para elaborar seu comentário sobre a dissociação do 'eu' no mundo contemporâneo. Como demonstra Sérgio Paulo Rouanet no magistral *Édipo e o anjo*, os confrontos com Proust e Freud oferecem um referencial privilegiado para a caracterização do pensamento do filósofo, em particular sua visão de como podemos dar conta da experiência humana – biográfica, histórica — no tempo. As alusões de Benjamin à infância em Berlim — nas quais é óbvia a incidência do estilo de Proust — são elas próprias alegorias que se organizam como reminiscências na descontinuidade, coleção de fragmentos, associações, definições de lugares; temos um painel que desqualifica qualquer cronologia ou a ideia da formação da identidade como totalidade orgânica em evolução. O filósofo não acha possível dar conta de si próprio através da exposição de um processo linear de crescimento. Ele admite que neste mundo dissociado, onde é peculiar a relação com os objetos, com o universo da mercadoria, haja uma nostalgia pela totalidade — todo o seu percurso não deixou de ficar marcado por tal anseio de integridade. Diante de uma experiência social em que a atividade produtiva se organiza de modo a reduzir o mundo in-terior a estilhaços, é legítima uma utopia de salvação vislumbrar no horizonte uma totalização. No entanto, seu elogio ao mergulho radical no fragmento resulta de uma convicção: o perigo maior é partir-se da ideia de que o artista deve afirmar a totalização hoje. Se na própria configuração do tempo essa totalização não se faz presente, afirmá-la na bela aparência da arte é operação ilusória que favorece o que se denomina 'regressão mítica': uma redenção estética do mundo, uma experiência ilegítima de empatia e unidade que, tal como as coesões sociais de tom heroico exaltadas pela direita, escamoteia os conflitos e problemas de uma sociedade que tem na fratura um dado de sua própria natureza.

O DEBATE BRASILEIRO: A QUESTÃO DA IDENTIDADE

Trabalhando alguns aspectos da produção cultural no Brasil, vejamos como as dualidades fragmentação/totalização e dissociação/organicidade podem evidenciar problemas quando se discute a arte a partir da questão da identidade nacional. Suponhamos um movimento, como o modernismo, que busca, ao mesmo tempo, a constituição de uma cultura nacional e a sintonia com a modernidade artística dos grandes centros — marcados pelo discurso opaco, as dissociações e o descompasso (pelo menos na primeira metade do século) com a ordem burguesa da mercadoria. Se o artista europeu trabalha a sua falta de lugar na sociedade capitalista e, no movimento de sua problematização, formula uma crítica ao mito do progresso, o artista brasileiro, por exemplo, pode ver essa problematização resvalar para uma regressão mítica nacionalista de cunho conservador. Seu problema, nesse particular, é fazer a crítica do progresso, tal como se dá (influxo externo), sem desdobrá-la num sentimento nostálgico de que existe algo de puro, enraizado, autêntico, que as transformações ameaçam. Fazer, enfim, a crítica do dinamismo predatório do capitalismo internacional sem cair no discurso patrimonial de preservação como matriz para toda uma política de resistência à dominação. Ao lembrar essa questão, tenho em mente o fato de, historicamente, o discurso da identidade nacional como totalidade orgânica ter sido muitas vezes acoplado à crítica da ideia de progresso a partir da noção de caráter nacional. Uma vez que o progressismo pensa a história universal montando um processo teleológico ao qual ficam subordinados os destinos das particularidades nacionais, a resposta nacionalista a esse tom universalizante das transformações capitalistas pode ser a afirmação radical da legitimidade de um modo de sentir e ver, de um traço de comportamento que estão aquém e além da racionalidade técnica embutida na ideia de progresso (vide o historicismo romântico nacionalista e sua crítica ao iluminismo francês, primado da razão). Da defesa de um suposto caráter, passa-se à exaltação das raízes (origem deste) e as metáforas organicistas estabelecem o critério de autenticidade da produção cultural. Quando a nação vira organismo, há espaço para um tipo de nacionalismo bastante perigoso, o mesmo que preocupava Benjamin nos anos 1920 e 1930, para quem as estratégias alegóricas de dissociação eram lúcidas também enquanto antídoto para aquela resistência às alienações contemporâneas pela via de uma coesão orgânica, cujo solo é uma mitologia regressiva de tipo nacional, mitologia cuja exacerbação desemboca no fascismo.

A experiência modernista no Brasil, na sua vertente mais lúcida, mais criativa e de maior repercussão, carrega antídotos a essa redução fascista, na medida em que o projeto nacional se alia à sátira e à paródia moderna, o seu bom humor lançando o riso irônico à postulação nacional mais ufanista e provinciana. Quando trabalha a questão do 'caráter nacional' — tema recorrente no pensamento social e estético —, faz com todas as ironias de Mário de Andrade em *Macunaíma*. Quando formula a estratégia antropofágica de libertação frente às amarras coloniais e beletristas, afasta-se da postulação de uma organicidade onde o autêntico e nacional se vincula à ideia de pureza de raízes. Embora o ideário de Oswald de Andrade apresente ainda uma dose de regressão mítica, esteja cheio de contradições, se apegue a uma antropologia precária, sua tática fundamental de deglutição cultural não implica em discriminações (puro/impuro) e vê o processo histórico da produção cultural se fazendo de interseções, de trocas, equívocos, conflitos, releituras, choques que impedem uma concepção da cultura nacional como resultado de um crescimento orgânico segundo a metáfora da raiz pura que desabrocha e se explicita como totalidade. A antropofagia vê como impossível essa miragem de integridade e olha com espírito lúdico para o jogo incessante de contaminações.

Dentro dessa questão geral, num período mais recente, o tropicalismo deflagrou a polêmica do nacional. A alegoria, a tensão fragmento/todo, o orgânico e o não-orgânico voltaram à baila numa discussão cujo quadro teórico envolve a oposição Lukács-Benjamin.

Em seu texto *A concepção de mundo subjacente à vanguarda*, o teórico marxista húngaro faz seu balanço crítico (negativo) da literatura moderna e, ao caracterizá-la, resolve apoiar-se em Benjamin, uma vez que reconhece a rara precisão com que este discursa sobre 'olhar melancólico' e a alegoria. Discordando na avaliação, porém, faz questão de atacar a dissociação própria à estratégia alegórica: ela cavaria um abismo obscurecedor entre o homem e o mundo; recusando toda a imanência possível, todo esforço para dar sentido ao mundo histórico-social, ela afirmaria necessariamente o 'primado de uma transcendência', deixando-nos entre a alternativa de descartar o sentido (niilismo) e a de buscar algo fora da história como fundamento da existência (idealismo). Como sabemos, Lukács reivindica uma arte que expresse a significação imanente ao ser social e à ação do homem na história. Em termos literários, obras que se pautem pelo 'narrar' e não pelo 'descrever', pois é preciso um movimento de totalização na representação artística, é preciso não perder a noção de 'perspectiva' que fornece um critério de seleção, permite hierarquizar os dados a partir de sua inserção na ordem do tempo (histórico, da luta de classes). As estratégias de fragmentação não conseguiriam o essencial, ficando reduzidas à visão do mundo como coleção de dados sem nenhuma relação orgânica.

Ao analisar a obra *pop* de Robert Rauschenberg, Sérgio Ferro, num texto de 1967, retoma o percurso de Lukács, deslocando para o estudo de uma configuração visual os mesmos critérios utilizados nas considerações sobre o romance. Pare ele, a fotomontagem carece de critério na sua reunião dos 'dados brutos' do real; reproduz-se o caos exterior à obra e a consciência do artista deixa de estabelecer a mediação necessária para instaurar uma perspectiva e um sentido para o material. A obra, dado positivo, não legitimaria o mundo do qual vem, não se apegaria a uma racionalização capenga, a uma ideologia justificadora. Dado negativo, não saltaria da estranheza que causa à revelação de um significado profundo extraído da relação do artista (subjetividade) com o social. Ferro quer evidenciar as limitações do teor crítico da fotomontagem, reclamando a presença, aí não evidenciada, de uma 'razão inclusiva' capaz de uma compreensão mais ampla.

Ao fazer uma reflexão sobre o tropicalismo, O.C. Louzada Filho, num artigo de 1968, depara-se com princípios de montagem semelhantes aos da estratégia *pop*, mas lhes confere uma dimensão de crítica à sociedade, vê nas justaposições geradoras de estranheza e choque uma capacidade de colocar as contradições a nu, de produzir uma nova percepção da experiência social. O lance tropicalista, em particular, ao desintegrar os componentes de uma visão colonial e subverter uma retórica ufanista de exaltação nacional, é capaz desse esvaziamento crítico justamente porque expõe, lado a lado, as ruínas do que 'poderia ter sido e não foi' (possibilidades irrealizadas próprias à condição periférica) e o lixo importado, sem desembaralhá-los. Com o mergulho obsessivo na impureza, 'internaliza as contradições' próprias a um contexto de dominação neocolonial, torna escandalosos os contrastes.

Tanto num texto como no outro, é de alegoria que se está falando. E se o percurso de Sérgio Ferro se inspira em Lukács, o de Louzada traz paralelos com o de Benjamin, o elogio à alegoria acentuando sua capacidade de olhar o inferno, de esvaziar as totalizações capengas e compensatórias. A partir desses dois textos onde a polaridade de posições é mais nítida, podemos lembrar neste retrospecto a análise do tropicalismo que procura dar conta do fenômeno em suas várias nuanças, combinando o elogio e as caracterizações de Louzada à observação sobre determinados limites da alegoria que, a seu modo, têm como horizonte a questão da totalidade e sua apreensão pela arte. Falo do texto de Roberto Schwarz, *Cultura e política, 1964-1969*.

Para Roberto Schwarz, o tropicalismo traz um inegável alento desmistificador; vale a pena caracterizar os seus 'melhores efeitos' ao expor anacronismos à luz do ultramoderno. Seu processo de montagem alegórica, corrosivo, grotesco, traz uma psicanálise desconfortável à sensibilidade tradicional própria a um nacionalismo conservador: o resultado de suas combinações disparatadas é "estridente como um segredo familiar trazido à rua". Nessa dimensão desmistificadora, o tropicalismo opera uma verdadeira traição de classe. No entanto, ressalvado o brilho de sua alegoria, seria preciso ressaltar o 'lugar social', os limites dessa corrosão e terapia, movimento de análise no qual o crítico poderia surpreender a sensibilidade tropicalista aninhada numa tradição de pensamento a-histórico sobre o destino nacional, melancólico que é em seu olhar a pobreza brasileira. Ao efetuar esse segundo movimento da crítica, mais afinado a Lukács, Roberto Schwarz quer sublinhar o caráter circunscrito dessa 'traição de classe' incapaz de ultrapassar o horizonte dessa mesma classe (dominante). No seu aspecto fecundo, o tropicalismo se instala no terreno das contradições fundamentais do tempo, pois a coexistência do antigo e do novo, nos países subdesenvolvidos, é central e "tem força de emblema" — dentro do método crítico de Roberto é nuclear, essa caracterização da homologia entre a estratégia formal das obras e o desacerto histórico real. A alegoria tropicalista encontra, em sua análise, um fundamento histórico concreto, mas ele lembra o quanto este permanece opaco à representação artística que, preferindo a composição em mosaico ao todo orgânico, não dá conta das mediações necessárias que permitem captar o movimento concreto da história, resvalando para uma visão atemporal do descompasso que denuncia. A consciência aguda do atraso nacional se traduz numa estratégia formal que a congela, transformando a 'pobreza brasileira' num destino: os dois brasis, o arcaico e o moderno, permanecem dados irreconciliáveis. É curioso que a preocupação de Roberto quanto à ausência de mediações na representação fragmentária do tropicalismo é análoga, em certos aspectos, à preocupação de Adorno, manifesta em carta a Benjamin, com o tipo de salto operado pelo filósofo em seu movimento do detalhe à totalidade do social em seus textos sobre Paris no século XIX. Não cabe discutir aqui a questão de método envolvida no diálogo Benjamin-Adorno, bastando lembrar o quanto, às vezes, é a homologia entre o método do crítico e a estratégia da obra que serve de fundamento para uma avaliação do alcance do trabalho do artista, ficando muito claro, no caso de Benjamin, a total afinidade entre seu percurso (alegórico) de análise e sua preferência pela alegoria como estratégia das obras.

A vigência desse tipo de homologia se reafirma quando observamos o prefácio de Silviano Santiago ao livro de Gilberto Vasconcelos, *De olho na fresta*. Autor do livro e prefaciador valorizam o movimento tropicalista e Gilberto exprime sua identidade com essa produção artística exaltando a sua coragem de encarar de frente o 'momento doloroso da derrota' e justificando a 'sensação de absurdo' presente nas obras como reflexo inevitável do momento em que elas surgiram; incomodado com as observações de Roberto Schwarz, ele procura recuperar o tom heroico do tropicalismo, mas seu argumento não tem outro horizonte que não a sociologia do próprio Roberto, de modo que a defesa do 'potencial guerreiro' do movimento acaba sendo mais original no prefácio de Silviano. Aqui, vemos uma outra forma de articular nação e ordem internacional. Desloca-se o problema para a caracterização própria das 'matrizes culturais', pois cada cultura manifestaria determinadas premissas de caráter lógico que definiriam o que se pode pensar e o que não se pode dentro dela. É mobilizado, assim, o referencial teórico da desconstrução (Derrida) e o apostolado de diferença traduz-se, na perspectiva brasileira, numa congenialidade entre o nacional — anticolonial — e aquela redefinição de parâmetros que a crítica avançada na Europa exige para que se desmonte o código dominante no Ocidente. Desse modo, afirma-se a peculiaridade nacional como um 'pensar a contradição em si', uma capacidade de exprimir a incongruência inevitável entre os componentes da totalidade (social, cultural), sua contaminação recíproca. O tropicalismo, retomando a tradição antropofágica, manteria de pé o movimento em que se esboça riso como manejo possível da realidade e contribuiria para o processo de autonomização do pensar brasileiro. Ou seja, o contrassenso da alegoria tropicalista espelha o percurso da crítica desconstrutiva — erigida em 'traço nacional', em oposição ao Ocidente — e recebe o elogio do ensaísta porque a 'ausência de síntese' é sadia recusa de um eurocentrismo revolucionário próprio, por exemplo, ao marxismo. A desconstrução à brasileira de Silviano é um nacionalismo, não-organicista, mas não menos ufanista.

Enquanto Silviano Santiago elogia o tropicalismo pela alegoria que assume a estrutura do poético e se liberta dos dogmatismos de esquerda e direita, Gilberto Vasconcelos e, em seguida, Celso Favaretto retomam aquele dado consensual que a crítica apontara desde 1968: o caráter antifascista do movimento em sua corrosão das mistificações próprias às ideologias ufanistas do destino nacional. Tendo algo de comum com a matriz desconstrutiva de Silviano, o percurso de Favaretto não descarta, pelo contrário, procura assumir mais efetivamente a concepção benjaminiana da alegoria: olhar o lado perecível das coisas, empilhar as relíquias do Brasil de modo a reconstruir a formação conflituada da história e desmistificar o ocultamento operado pelas sínteses do vencedor. Sua leitura de Benjamin, muitas vezes mediada pelo referencial teórico francês contemporâneo, confere maior ênfase às noções do filósofo mobilizadas em seu elogio ao surrealismo — 'iluminação profana', 'niilismo revolucionário' —, de modo que Favaretto trabalha a alegoria como instância de 'retorno do oprimido', como 'alegria de destruir', como fragmentação que dá pleno direito à liberação do desejo. Combinam-se Benjamin, Derrida, Lacan,

Deleuze, numa articulação nem sempre consistente que permite aproximar alegoria, descentramento do sujeito, dissolução do sentido e irrupção do desejo. A oposição central seria então entre o 'navegar é preciso' (recusa de significados já fixados) e os discursos ideológicos (coagulados). Conclusão: como esvaziamento de qualquer totalidade, o tropicalismo não teria como tema o Brasil; desmontando a ideia mesma de realidade brasileira, seu papel maior seria o de estilhaçar qualquer imagem unificada da nação. Tal desterritorialização radical se esforça em permanecer fora do quadro onde foram postas as restrições do Roberto Schwarz — procurando esvaziar a ques tão de classe e a questão nacional (tal como ele vê o próprio tropicalismo fazer), o crítico as subordina a uma outra questão, mais fundamental, de modo a fazer a alegoria emergir como estratégia subversiva num outro eixo: o da contradição, não mais entre capital e trabalho, ou entre o nacional e o estrangeiro, mas entre o capital (e seus delegados na indústria da consciência) e o desejo (manifesto na experiência estética genuína). Rompe-se o círculo do 'diagnóstico geral da nação', que, via de regra, marca as análises do tropicalismo, mas o preço pago é um ecletismo teórico discutível, muito colado à moda, e uma redução para o abstrato onde o desejo, como categoria universal, vira panaceia.

Diferentes os recortes, diferentes os problemas. E a discussão da produção cultural baseada na alegoria manifesta algumas das vicissitudes do próprio conceito, marcado por esta oscilação pendular, ora em direção à totalidade, ora em direção ao fragmento; ora anseio do sentido, ora expressão de sua recusa. No caso limite (Silviano Santiago), a alegoria como desconstrução, de operador comprometido com a recusa de totalizações, acaba por caracterizar a diferença nacional e, portanto, torna-se marca de uma operação totalizadora (da experiência da nação).

É justamente a presença, no festejo das incongruências e estilhaços, de uma concepção da totalidade afirmada à revelia, que está no horizonte das observações de Roberto Schwarz. Como um movimento próprio à alegoria moderna, a fragmentação, num segundo momento, não promoveria a contrapelo um retorno ao todo? Nesta perspectiva, ela, embora antídoto para regressões míticas de direita (dado de consenso da crítica reconhecida pelo próprio Roberto), não traria necessariamente uma superação daqueles anseios totalizantes a que outras formas de representação e de percurso crítico estariam condenadas. Abertura e fechamento seriam novamente uma questão de ponto de vista, nem forçosamente alegóricos, nem simbólicos, para usar a terminologia em vigor.

Fiquemos com essa caracterização do problema. Iniciei com um retrospecto sobre a noção de alegoria e vimos seu curioso destino nessa lida com a relação parte/todo: na concepção herdada da tradição, ela se associa à ideia de visão global, integração dos fragmentos, busca de significado, fechamento; nas inversões modernas, ele se associa visão fragmentária ao extrair do contexto (para, no fundo, ser seu emblema), à crise da representação, à abertura, ao questionamento de toda uma tradição hermenêutica. Em seguida, observamos a sua incidência em discussões específicas ao contexto cultural brasileiro, caracterizando o leque de inspirações, com destaque para Benjamin. Gostaria de terminar recapitulando a tensão particular existente no uso dessa noção no Brasil contemporâneo, em dois aspectos.

De um lado, essa tensão apresenta um traço mais genérico ligado a uma questão de metodologia da crítica: tive oportunidade de lembrar, neste meu percurso, a questão da homologia entre método crítico e estratégia da obraobjeto da análise, homologia que evidencia como a interpretação pode andar em círculos e traz à tona os embaralhamentos que nos levam constantemente a perguntar onde afinal começa a alegoria (seja ela qual for), se na expressão do artista ou na leitura do crítico.

De outro lado, essa tensão apresenta um traço particular nesse quadro que nos interessa, intimamente ligado à presença da questão nacional. Isto porque o reconhecimento do caráter problemático da arte contemporânea — ao qual se associa o uso moderno da alegoria (fragmentação, opacidade, etc...) — entra em conflito, por assim dizer, com a tradição já consolidada de se olhar o produto artístico sem nunca esquecer a 'dimensão nacional' nele presente (ou ausente), dentro de um raciocínio que o insere – não importa qual seja sua composição – num debate que testa a sua validade como 'diagnóstico geral', sua autenticidade como representação de uma identidade (suposta): a pedra de toque do 'nacional' é a instância por excelência desse movimento pelo qual flui a obsessão por um princípio de unidade, pela totalização. Na minha área específica, o cinema, já se tornou um cacoete da crítica e dos cineastas esta aflição em detectar o diagnóstico geral, em flagrar um conceito de Brasil nos filmes que lidam com os mais diversos aspectos da experiência (às vezes, a leitura apressada das brasilidades surge como exemplo caricatural daquele processo mais complexo, que embaralha expressão e leitura alegóricas e tende a fazer do crítico, pelo seu pendor racionalizante, o maior alegorista, seja para estilhaçar o uno, seja para integrar o múltiplo). Nessa convivência de movimentos, que exige certa ginástica de reconciliações, a manifesta reiteração da alegoria como negatividade, descompasso com o andamento do mundo, fragmentação desmistificadora, se alia à vontade de interrogar no objeto o que aí se põe como 'retrato de nação', vontade pela qual ela recupera a velha tradição de ser 'alegoria do todo'. Condição que parece carregar aqui *a fortiori*, mesmo quando nossa retórica insiste em falar em coleção de cacos.

CINEMA BRASILEIRO MODERNO

Em *Revisão crítica do cinema brasileiro*, livro publicado em 1963, Glauber Rocha faz uma avaliação do passado para legitimar o Cinema Novo no presente, esclarecer seus princípios. Como acontece com os líderes de rupturas, ele age como um inventor de tradições. O novo movimento teria seus antecedentes, responde a uma história. Há Humberto Mauro, à distância, com seu cinema de poucos recursos feito em Cataguazes nos anos 1920; há Nelson Pereira dos Santos que inicia, nos anos 1950, o cinema moderno no Brasil a partir do diálogo com o neo-realismo italiano e com escritores brasileiros. Ao lado de tais experiências positivas, há a falência da Vera Cruz em meados dos anos 1950, sinal de esgotamento das tentativas industriais. Há mitos a destronar, batalhas a travar em defesa do "cinema de autor", que Glauber qualifica de revolucionário, contra o dos "artesãos", funcionários do comércio. O texto é de combate e deve abrir caminho entre os contemporâneos a machadadas, discriminar.

Em 1973, Paulo Emilio Salles Gomes escreve o clássico ensaio, "Cinema: trajetória no subdesenvolvimento", onde faz o balanço do cinema brasileiro na história, disposto a revelar uma dinâmica cultural de grande interesse porém sempre marcada pela mesma reposição: a do subdesenvolvimento técnico-econômico. Acentuando os entraves criados pela condição do país, ele delineia os movimentos mais expressivos, iniciativas de diferentes gerações tanto mais bem-sucedidas quanto mais entenderam o mecanismo da "situação colonial", esta que ele próprio descrevera em 1960 num artigo devastador que inspirara, entre outros, o jovem Glauber Rocha. Paulo Emilio, em 1973, destaca o Cinema Novo e o Cinema Marginal como dois bons exemplos de criação na adversidade, mas lembra o quanto a comédia popular — a chanchada de 1940 e 1950 — também soube, a seu modo, lidar com o atraso econômico, encontrando uma fórmula comunicativa do filme de baixo orçamento em conexão com o mercado. Se há, portanto, na história do cinema brasileiro, essa reposição dos impasses na produção, há também um esforço de continuidade que ele ressalta, convocando todas as tendências a ter um lugar no processo, de modo a desenhar as linhas mestras do que poderia se observar, liminarmente, como um sistema em movimento. Tal sistema, entendido como uma dinâmica feita da relação autor-obra-público, não estava em bom estado em 1973, mas os exemplos de vitalidade, incluído o dos jovens modernos, então recente, alimentavam esperanças, embora a prática dependesse de providências vindas da esfera política e do maior empenho dos formadores de opinião, a quem afinal o texto se dirigia[1].

Dez anos separam o texto de Glauber Rocha do de Paulo Emilio; entre um e outro, tivemos o apogeu do Cinema Novo e suas correções de rumo em resposta ao golpe militar de 1964, a produção dos filmes que pensaram a crise dos projetos políticos da esquerda, o desdobramento do debate cultural com a emergência, em 1968, do Tropicalismo e, em seguida, do Cinema Marginal, esta proposta radical do final da década que explodiu no momento mais duro do regime militar e

1 Para um comentário sobre a estratégia de Paulo Emilio em face da questão do sistema formado pela dinâmica autor-obra-público e pelo diálogo entre os filmes, ver meu artigo "A estratégia do crítico", em *Paulo Emilio: um intelectual na linha frente*, coletânea de textos de Paulo Emilio organizada por Carlos Augusto Calil e Teresa Machado (São Paulo, Brasiliense, 1986). Nesse artigo, procurei analisar de que forma a noção de sistema, cunhada por Antonio Candido para pensar a formação da literatura brasileira, era uma premissa que, embora não explicitada por Paulo Emilio, orientava o seu texto. Este é, em verdade, um astuto exercício de pensar um "sistema" do cinema brasileiro sabendo-o algo não consolidado como comunicação de massa, a noção de sistema funcionando para o crítico como ideia reguladora para avaliar a história de uma formação truncada.

se eclipsou, como movimento de grupo, por asfixia econômica e censura policial logo antes do balanço histórico de Paulo Emilio. A diferença de ênfase entre os dois textos, o de 1963 e o de 1973, diz bem da atmosfera que marca cada conjuntura. No início dos anos 1960, Glauber podia ser polêmico-revolucionário e não soar delirante, pois estava efetivamente a encarnar a força produtora de uma nova era no cinema brasileiro; em 1973, é o tom antiépico da reflexão do crítico em nome da continuidade da cinematografia que alcança, como nenhum outro texto do início dos anos 1970, um enorme impacto na cultura[2]. No Glauber Rocha de 1963,

2 O manifesto "Luz e ação", assinado por Glauber, Joaquim Pedro, Leon Hiszman, Nelson Pereira, Carlos Diegues, Walter Lima Jr. e Miguel Faria Jr., também de 1973, é outro documento da época que, não por acaso, bate na tecla da continuidade. Sua tônica é de convite, dirigido aos cineastas de todas as tendências (nem tanto), aos críticos e ao próprio esquema de poder, para uma mobilização que suscite novas ideias, compatíveis com o ideário do grupo, capazes de fazer o cinema brasileiro sair da crise. A ideia de superação de impasses é entendida como dar andamento à experiência e aos exemplos de invenção que o próprio retrospecto do Cinema Novo contido no manifesto evoca. Ou seja, apesar das habituais estocadas claramente dirigidas ao grupo do Cinema Marginal, o manifesto se define como abertura de um diálogo, lembrando que a continuidade depende da manutenção do contato com o público — forma de sugerir o que em pouco tempo estaria traduzido nas gestões da Embrafilme e no esforço de conquista de mercado quando do os controladores do Estado foram convencidos de que a continuidade significava o diálogo com a geração e a área de influência do Cinema Novo.

a tônica era a vontade de ruptura, a par do balanço histórico; em Paulo Emilio, o que vale é um princípio de continuidade englobante, a par do reconhecimento das oposições e conflitos. De uma perspectiva que supunha a Revolução iminente e pedia um cinema à altura dos desafios do tempo, passamos a uma visão que alia, ao movimento de recuperação da história, o balanço de quem reconhece o peso das conjunturas; não se trata mais de propor o grande salto e sim de afiançar a continuidade de uma tradição.

Paulo Emilio estava apreensivo com o que, após o período de afirmação de um cinema moderno no Brasil, parecia ser o fim de um ciclo. Via o cinema ameaçado pelo afastamento do público, principalmente os jovens, temendo um colapso que em verdade não encontrou confirmação tão imediata. A partir de 1974, o cinema brasileiro teve o novo impulso econômico, apoiado pelo Estado, e alcançou uma continuidade de produção que, apesar de tropeços e crises, não se rompeu definitivamente senão no final dos anos 1980, momento em que a ideia de "fim de mais um ciclo" encontrou uma base real contundente. Em nossos dias, ainda não totalmente curados da ressaca daquela crise, a observação do crítico ecoa ainda com força maior: o subdesenvolvimento econômico, para o cinema brasileiro, se configura como um estado não superado e sem efetivas promessas de alteração substancial, notadamente nesta conjuntura de total reestruturação dos negócios do audiovisual em que ganha fluência uma concepção monetária da cultura que vem consolidar aquela revolução dos métodos e aquela incorporação da *high tech* que fizeram retornar, a partir do final dos anos 1970, uma hegemonia hollywoodiana que mostrou uma força surpreendente para quem tinha como referência a dinâmica do cinema moderno dos anos 1960/70. No Brasil, embora tenha cabido ao cinema, nos últimos vinte anos, se por como um espécie de vitrine de exacerbação dos sintomas mais dramáticos da vida cultural, o impulso de fazer cinema e a invenção de alternativas capazes de gerar sobrevivências no contexto desfavorável persistem. E, ao lado da vitalidade do curta-metragem ao longo de todos estes anos, a produção de longa-metragens para o mercado deu sinais, a partir de 1994, de recuperação, com o total apoio de subsídios diretos e indiretos, apesar da conversa privatista e dos mitos de eficiência e competitividade. A cultura cinematográfica e o desejo de um cinema realizado no Brasil mostram seu dinamismo, apesar de estar enfrentando, em face de 1963 ou 1973, um desafio mais radical no mercado. Neste quadro, o fato de um passado recente do cinema brasileiro ser objeto de retrospectivas e debates, no Brasil ou no exterior, ultrapassa o interessante puramente histórico ou acadêmico, sendo mais a reativação de um capital simbólico que pode ter o seu papel no jogo político em que se decide a viabilização de seu futuro.

O CINEMA BRASILEIRO MODERNO: COORDENADAS DE UMA ESTÉTICA

No quadro atual, quando a nossa atenção se volta para o processo que envolveu o Cinema Novo e o Cinema Marginal, entre final da década de 1950 e meados dos anos 1970, tal processo se apresenta como dotado de uma peculiar unidade. Foi, sem dúvida, o período estética e intelectualmente mais denso do cinema brasileiro. As polêmicas da época formaram o que se percebe hoje como um movimento plural de estilos e ideias que, a exemplo de outras cinematografias, produziu aqui a convergência entre a "política dos autores", os filmes de baixo orçamento e a renovação da linguagem, traços que marcam o cinema moderno, por oposição ao clássico e mais plenamente industrial.

Falar em cinema moderno remete a uma pluralidade de tendências, mas tomo aqui como baliza as experiências que podem, primeiro, ser referidas à formação do estilo moderno no sentido de André Bazin — este que envolve a referência a Renoir, a Welles e ao neo-realismo. E podem ser referidas, em segundo lugar, a Antonioni, Pasolini e Rossi, a Nouvelle Vague e Resnais, a Cassavetes e Gutierrez Alea, entre outras figuras de tal cinema em seu momento mais canônico. Falo, portanto, da sintonia e contemporaneidade do Cinema Novo e do Cinema Marginal com os debates da crítica e com os filmes dos realizadores que, tomando a prática do cinema como instância de reflexão e crítica, empenharam-se, em diferentes regiões do mundo, na criação de estilos originais que tensionaram e vitalizaram a cultura. Foram cineastas cuja forma de exercer a sua consciência da técnica, da forma e dos modos de produção ensejou um exercício da autoria que Pier Paolo Pasolini sintetizou muito bem em sua noção do moderno como um "cinema de poesia". Não por acaso, para atestar esta sintonia, o texto que o cineasta e escritor leu, em 1965, no Festival de Pésaro, inclui Glauber Rocha em seu comentário, ao lado de Antonioni, Bertolucci e Godard.

Inserido na constelação do moderno, o jovem cinema brasileiro traçou percursos paralelos à experiência europeia e latino-americana. Viveu, no início dos anos 1960, os debates em torno do nacional-popular e da problemática do realismo, dados que nos lembram, em especial, o contexto italiano. Por outro lado, em consonância com novas estratégias encontradas pelo cinema político, foram típicos, ao longo da década, os debates em que, na tônica do "cinema de autor", godardianos e não godardianos discutiram os caminhos do cinema entre uma linguagem mais convencional e uma estética da colagem e da experimentação, ou entre uma pedagogia organizadora dos temas, própria ao documentário tradicional, e a linha mais indagativa, de pesquisa aberta, do *cinéma-vérité*. Tais debates colocavam em confronto cineastas que acreditavam na potência comunicativa da linguagem clássica e cineastas que, inspirados ou não em Brecht, definiam a crítica ao próprio cinema como condição de um cinema crítico voltado para as questões sociais. No final da década de 1960, a polêmica entre Cinema Novo e Cinema Marginal foi a última versão deste debate constante da década, colocando em pauta temas vinculados ao cinema conceitual e à desconstrução que tanto mobilizavam as revistas francesas. Jean-Marie Straub e o novo Godard saído de maio de 68 vieram a primeiro plano, num contexto em que o underground norte-americano passou a se afirmar como uma referência a mais no debate brasileiro.

Para o proto-Cinema Novo de Nelson Pereira dos Santos, em *Rio 40 Graus* (1954) e *Rio Zona Norte* (1957), e de Roberto Santos, em *O Grande Momento* (1958), o diálogo maior foi com o neo-realismo e a comédia popular brasileira; para Glauber Rocha, Ruy Guerra,

Joaquim Pedro, Leon Hirszman, Carlos Diegues, Paulo Cesar Saraceni, Arnaldo Jabor e David Neves, valeu, a par da diferença de estilos, aquela incorporação da câmara na mão no cinema de ficção, traço técnico-estilístico fundamental para a constituição da dramaturgia do cinema moderno latino-americano, tal como o foi, em alguns casos, na Europa, especialmente no cinema de Godard e Pasolini. Se a questão do realismo foi central no cinema de um Leon Hirszman ou de um Luiz Sérgio Person, a alegoria e a descontinuidade marcaram o cinema de Glauber, autor que inventou o seu próprio cinema feito de instabilidades, tateios de câmara e falas solenes, com sua *mise-en-scêne* composta de rituais observados por um olhar de filme documentário. Por diferentes caminhos, o cinema brasileiro trabalhou as tensões entre a ordem narrativa e uma rica plástica das imagens, fazendo "sentir a câmara" como era próprio a um estilo que questionava a transparência das imagens e o equilíbrio da decupagem clássica.

Nessa tônica da ruptura, o espírito da colagem e da fragmentação se afirma, com toda força, no filme de Rogério Sganzerla, *O Bandido da Luz Vermelha* (1968), onde se faz presente a atmosfera tropicalista e o domínio da paródia. Ao bom humor da ironia de 1968, o Cinema Marginal opõe a sua dose amarga de sarcasmo e, no final da década, a "estética da fome" do Cinema Novo encontra seu desdobramento radical e desencantado na chamada "estética do lixo", na qual câmara na mão e descontinuidade se aliam a uma textura mais áspera do preto-e-branco que expulsa a higiene industrial da imagem e gera desconforto. Júlio Bressane, Andrea Tonacci, Luiz Rosemberg, João Silvério Trevisan, Neville d'Almeida, Carlos Reichenbach, Ozualdo Candeias, entre outros, são autores que insistem nas estruturas de agressão do moderno e marcam a sua oposição a um Cinema Novo que buscava sair do isolamento e se voltava para um estilo mais convencional, porque empenhado em estabilizar sua comunicação com o público. Experimental, recusando o que julgava serem concessões de seus até então parceiros, os líderes do Cinema Marginal assumem um papel profanador no espaço da cultura; rompem o "contrato" com a plateia e recusam mandatos de uma esquerda bem pensante, tomando a agressão como um princípio formal da arte em tempos sombrios. Violência e profanação não implicam aqui necessariamente desordem, ou busca de uma antiarte apenas apoiada nas pulsões. Há lugar no Cinema Marginal para um senso de geometria. E Júlio Bressane, por exemplo, faz da independência entre câmara e ação ficcional a origem de um novo estilo, construindo um tipo de olhar que, no seu desenvolvimento, retoma os caminhos de Mário Peixoto, o diretor de *Limite* (1931), fechando um ciclo pelo qual o cinema moderno brasileiro reencontra as experiências derivadas das vanguardas históricas de 1920/30, tal como os cineastas modernos europeus mais radicais.

Em sua variedade de estilos e inspirações, o cinema moderno brasileiro acertou o passo do país com os movimentos de ponta de seu tempo. Foi um produto de cinéfilos, jovens críticos e intelectuais que, ao conduzirem essa atualização estética, alteraram substancialmente o estatuto do cineasta no interior da cultura brasileira, promovendo um diálogo mais fundo com a tradição literária e com os movimentos que marcaram a música popular e o teatro naquele momento. O diálogo com a literatura não se fez apenas nas adaptações, neste conjunto de filmes notáveis como *Vidas Secas* (Pereira dos Santos, 1963), *Porto das Caixas* (Saraceni, 1963), *O Padre e a Moça* (Joaquim Pedro, 1965), *Menino de Engenho* (Walter Lima Jr, 1965), *A Hora e a Vez de Augusto Matraga* (Roberto Santos, 1965), *Macunaíma* (Joaquim Pedro, 1969). Ele expressou uma conexão mais funda que fez o Cinema Novo, no próprio impulso de sua militância política, trazer para o debate certos temas de uma ciência social brasileira, ligados à questão da identidade e às interpretações conflitantes do Brasil como formação social. Desde *Deus e o Diabo na Terra do Sol*, é nítida a incidência de um velho debate sobre as formas de consciência do oprimido. Tais preocupações, no caso de Glauber, derivam, em parte, de seu diálogo com *Os Sertões* (1902), de Euclides da Cunha. O escritor testemunhou, como jornalista, a Guerra de Canudos (1897) e o massacre dos camponeses reunidos na comunidade religiosa sediada naquela pequena cidade, seguidores do líder messiânico Antônio Conselheiro. Seu livro, de inspiração positivista, expressou, no entanto, a crise desta visão do problema social brasileiro herdada do século XIX, terminando por ensejar uma discussão sobre o caráter do conflito entre sertão e litoral em termos novos, dado o choque gerado pela experiência direta do barbarismo do exército em estilo prussiano que massacrou os pobres em nome da Razão e da República. Glauber Rocha, em 1963, voltou àquela experiência para trabalhar a relação entre fome, religião e violência, e para legitimar a resposta do oprimido, evidenciando a presença, no Brasil, de uma tradição de rebeldia que negaria a versão oficial da índole pacífica do povo. Em *Deus e o Diabo*, prevaleceu o impulso de mobilização para a revolta e a tonalidade do filme era de esperança, pois estávamos no período anterior ao golpe militar de 1964, no momento de luta pelas reformas de base, com a questão agrária no centro, esta mesma que ainda hoje permanece no centro das tensões sociais brasileiras. Depois do golpe militar, o cinema encontrou outro motivo para tornar ainda mais urgente sua discussão sobre a mentalidade do oprimido no Brasil: era preciso entender a relutância do povo em assumir a tarefa da Revolução. A ênfase dada, naquele momento de crise, à discussão das formas de consciência e alienação, em filmes como *Terra em Transe* e *Macunaíma*, tornou o Cinema Novo uma instância peculiar de combinação de dois estilos de reflexão preocupados com visões sintéticas da questão da identidade na América Latina, estilos em geral tomados como antagônicos, incompatíveis. No primeiro, que se pode referir ao escritor Eduardo Galeano, predomina a economia-política e nele se constrói a identidade do continente a partir da realidade prática, visando a crítica aos obstáculos estruturais à emancipação — a metáfora das veias abertas condensa aí a ideia do "lugar de espoliação" definido a partir da empresa colonial. No segundo, que se pode referir a Octavio Paz, há o estudo do "caráter nacional", em termos de um culturalismo temperado pela psicanálise e por um relativismo histórico que recusa tanto o evolucionismo do século XIX quanto o marxismo, mergulhando decisivamente no campo de relações simbólicas em vias de autonomização. Ou seja, é comum se observar no filme brasileiro uma esquematização dos conflitos que articula, de forma bem peculiar, uma dimensão política de lutas de classe e interesses materiais, e uma dimensão alegórica pela qual se dá ênfase, no jogo de determinações, à presença decisiva de mentalidades formadas em processos de longo prazo; mentalidades que, numa ótica psicologista já muitas vezes questionada, porém persistente no senso comum, definem certos traços de um suposto "caráter nacional".

Nos anos 1960, embora o eixo da discussão cultural fosse político, esta questão do "caráter nacional" se fez presente de diferentes formas, e o Cinema Novo foi ambíguo na sua relação com a religião, o futebol e a festa popular — basta ver *Barravento* (Glauber, 1962), *Garrincha — alegria do povo* (Joaquim Pedro, 1962), *A Falecida* (Hirszman, 1964), *Viramundo* (Geraldo Sarno, 1965). Havia, de um lado, a ideia de que certas práticas tipicamente nacionais eram formas de alienação; de outro, havia certo zelo por estas mesmas práticas culturais que derivava de uma vivência direta destes traços de cultura e, por outro lado, da falta de confiança no processo de modernização técnico-econômica tal como ocorria. De um lado, o cinema moderno brasileiro não aderiu a ufanismos tecnoindustriais que marcaram certas atitudes da vanguarda em outros campos; de outro, raramente, o Cinema Novo e muito menos o Cinema Marginal, em sua iconoclastia, apresentaram aqueles traços conservadores de idealização de um passado pré-industrial tomado como essência, origem mítica da nação. A tônica do nacionalismo cultural, enquanto este teve força, foi a de se afastar do que podemos chamar de organicismo romântico, pois sempre procurou evitar que a crítica ao mito do progresso se desdobrasse numa hipótese de retorno a um estado de pureza mais nacional do que o mundo contaminado do presente. Tal mito de um estado de pureza perdido no passado foi sempre mais a gosto de uma oligarquia para a qual cultura é patrimônio a preservar, enquanto que o cinema dos anos 1960 e 1970 tendeu, não sem atropelos e construções míticas, a pensar a memória como mediação, trabalhando a ideia de uma nova consciência nacional a construir. Complicada e contraditória, a questão da identidade, de diferentes modos, marcou o cinema que queria discutir política, ganhando maior relevo à medida que o país foi se enredando num movimento heterônomo de modernização que se mostrava em descompasso com as ideias de transformação e justiça social vinculadas aos projetos de liberação nacional que mobilizavam os jovens de esquerda.

O horizonte da liberação nacional foi o pressuposto maior do Cinema Novo no início dos anos 1960, bem como de outros movimentos culturais no Brasil e na América Latina, dentro de uma conjuntura internacional — política, cultural — que ensejava uma afirmação mais incisiva do conceito de nação como referência. Na esfera do cinema, a emergência das cinematografias nacionais parecia ser um passo inicial em direção a uma nova ordem mais pluralizada na produção e consumo de filmes, expectativa que os anos 1980, em termos de mercado, enterraram. Tratou-se, em verdade, de um momento especial da história da América Latina, marcado pela polarização dos conflitos ideológico-políticos e pela radicalização de comportamentos, principalmente na esfera da juventude, que deram um tom dramático ao período. Naquele momento de polarizações, quase nada escapava à dicotomia entre revolução e reação, muitas vezes posta em termos caricaturais. A esquerda, atenta à contradição entre esquemas imperialistas e interesses nacionais, dividida entre as alianças populistas e a luta armada, acabou a década vendo prevalecer a política da direita, com a administração, muitas vezes militar, de um modelo de avanço econômico excludente das maiorias — a clássica modernização conservadora.

O cinema brasileiro deu uma resposta crítica a este processo peculiar, engajou-se politicamente e se alinhou ao espírito radical dos anos 1960. Ao mesmo tempo, como parte de sua agenda política, o Cinema Novo, em particular, problematizou a sua inserção na esfera da cultura de massas, apresentando-se no mercado mas procurando ser a sua negação, procurando articular sua política com uma deliberada inscrição na tradição cultural erudita. Como parte de sua crítica social lhe era necessário colocar-se como primeiro exemplo de uma experiência cinematográfica de grupo apta a dialogar de forma mais consequente com os segmentos mais consolidados da cultura, em especial a tradição do Modernismo dos anos 1920, movimento de atualização da arte brasileira que articulou em termos novos a questão nacional na literatura, música e artes plásticas.

Em parte inspirado nas vanguardas históricas europeias do início do século, o Modernismo de 1920 criou a matriz decisiva dessa articulação entre nacionalismo cultural e experimentação estética que foi rerrabalhada pelo cinema nos anos 1960 em sua resposta aos desafios do seu tempo. Foram estas preocupações modernistas que definiram o melhor estilo do cinema de autor, o que resultou na realização de filmes sem dúvida complexos demais para quem pedia uma arte pedagógica. Ou seja, no Cinema Novo e, de forma mais acentuada, no Cinema Marginal, a tendência a um "cinema de poesia" favorecia a dimensão expressiva que, sem prejuízo da política e adensando o campo de debate, colocava no centro as determinações subjetivas, a performance do autor, este que Glauber desenhava como a antítese da indústria. Tal hegemonia do autor se ajustava a uma concepção do cinema-arte em princípio totalmente convencional, em termos da tradição estética que se consolidou com a ascensão da burguesia; no entanto, ela ganhou, nos anos 1960, uma feição particular. No Brasil, ela se construiu em consonância com uma cinefilia internacionalizante mas se efetivou, na prática, como alavanca do nacionalismo cultural e do cinema político. Nas condições do país, o cinema dominante e o comércio internacional, contra os quais a ideia do autor se rebelava, se confundiam com os interesses imperiais de Hollywood, o que conferia uma forte conotação nacional, e de esquerda, ao moderno. Está clara, nesta conotação, a força de uma conjuntura na qual a nação, enquanto categoria orientadora da ação cultural ou política, tinha papel chave principalmente nos países da periferia da ordem internacional, afirmando-se como traço nuclear de uma época pautada pelo processo de descolonização na África e na Ásia, em especial pelas revoluções argelina e cubana, de forte ressonância no Brasil. Naquele momento, economia, política e cultura eram articuladas por um pensamento que colocava no centro a matriz do neocolonialismo. Entendia-se a relação entre países avançados e subdesenvolvidos em termos da herança colonial assumida e reposta em novas bases técnicas e econômicas. Não surpreende que o livro de Frantz Fanon, *Os condenados da terra*, inspire claramente algumas ideias de Glauber quando ele escreve "Por uma estética da fome", em 1965, manifesto que toma a luta anticolonial dos povos africanos como modelo, embora o Brasil não estivesse exatamente nas mesmas condições. A par desta diferença, o dado central era o desejo comum de legitimação da violência diante da opressão, o senso de urgência das transformações; ou seja, a ideia de que a Revolução não era apenas um desejo mas uma necessidade social.

Era o momento em que, no Brasil, há um deslocamento fundamental nas posições nacionalistas, quando se passa de uma forma mais amena de entender a questão do atraso econômico para uma forma mais radical, que cobra ações urgentes na esfera política. A consciência amena do atraso, correlata à ideia do "país do futuro", teve vigência até a Segunda Guerra e estava associada a um nacionalismo ufanista e ornamental, de elite ou popular; a consciência catastrófica do atraso, correlata à ideia de país subdesenvolvido que pede mudanças na estrutura econômica, urgentes medidas práticas para superar a miséria, ganhou força depois da Segunda Guerra Mundial e se tornou mais nítida a partir dos anos 1950[3].

CINEMA BRASILEIRO MODERNO: APONTAMENTOS DE UM PERCURSO

A distinção acima, a grosso modo, se traduz no campo do cinema. Não por acaso, os anos 1950 e 1960 testemunham a passagem dos projetos industriais tipo Vera Cruz ou da comédia popular mais ingênua — nitidamente mais amenos em sua lida como o atraso — para a postura mais agressiva do Cinema Novo e do Cinema Marginal, manifestações estéticas vigorosas dessa consciência catastrófica do subdesenvolvimento do país. A década de 1950 havia se definido como o momento de maior vigor da chanchada e de enterro precoce de um incipiente "cinema industrial" brasileiro, num contexto em que se viu a afirmação crescente de um projeto nacional popular, alimentado pela esquerda. Herdeiro de discussões que envolveram críticos e cineastas como Alex Viany e Nelson Pereira dos Santos, o Cinema Novo fez hegemônico o seu nacionalismo cultural no momento da crise da chancha-

---

3 Sobre estas formas de consciência do atraso, ver os comentários de Antonio Candido às formulações de Mário Vieira e Mello inseridos no seu artigo "Literatura e subdesenvolvimento" (*Argumento*, n. 1, outubro de 1973).

da, em parte causada pela expansão da TV no Brasil, novo meio que herdou a cultura do rádio que permeava o cinema popular. Eficiente na escolha de um "modo de produção" factível e lúcida em suas opções estéticas, a nova geração desenhou o projeto político de uma cultura audiovisual crítica e conscientizadora quando o nacional-populismo parecia ainda uma alternativa viável para conduzir as reformas de estrutura do país apoiado pela militância sindical e pelos partidos de esquerda. Neste momento, falou a voz do intelectual militante mais do que a do profissional de cinema — foi o momento de questionar o mito da técnica e da burocracia da produção em nome da liberdade de criação e do mergulho na atualidade. Ideário que se traduziu na "estética da fome", em que a escassez de recursos se transformou em força expressiva e o cinema encontrou a linguagem capaz de elaborar com força dramática os seus temas sociais, injetando a categoria do nacional no ideário do cinema moderno que, na Europa, tematizava a questão da subjetividade no ambiente industrial em outros termos.

Os filmes documentários e os primeiros longa-metragens do grupo definiram um inventário das questões sociais e promoveram uma verdadeira "descoberta do Brasil", expressão que não é um exagero se lembrada a escassez de imagens de certas regiões do país na época. O Cinema Novo, em sua feição original, anterior ao golpe militar de 1964, tem seu momento pleno em 1963/64, com a realização da trilogia do sertão do nordeste: *Vidas Secas*, *Deus e o Diabo na Terra do Sol* e *Os Fuzis*. Com a mudança no poder político do país, o Cinema Novo passa à oposição e, como estratégia de resistência, reforça seus vínculos com a tradição literária, como já observei, e começa a discussão sobre os imperativos do mercado e os problemas de sua morte ou continuidade. Ao mesmo tempo, lança o desafio dos filmes reflexivos, os que tematizaram de frente o golpe, com destaque para *O Desafio* (1965), *Terra em Transe* (1967), *A Derrota* (Mário Fiorani, 1967), *O Bravo Guerreiro* (Gustavo Dahl, 1968), *Fome de Amor* (Nelson Pereira, 1968) e *Os Herdeiros* (Carlos Diegues, 1969). Foram filmes empenhados em discutir a ilusão de proximidade dos intelectuais em relação às classes populares, fazendo parte da revisão em andamento também no teatro, na música popular e nas ciências sociais. O período pós-64 é de crítica acerba ao populismo anterior ao golpe — o político e o estético-pedagógico. Desenvolve-se uma auto-análise do intelectual em sua representação da experiência da derrota; ao mesmo tempo, o espaço urbano e as questões de identidade na esfera da mídia ganham maior relevância, Nos diagnósticos do Cinema

Novo, há um reconhecimento do país real e de uma alteridade — do povo, da formação social, do poder efetivo — antes inoperante. E a exasperação causada por este reconhecimento se explicitou em *Terra em Transe*, filme que colocou em pauta temas incômodos e se pôs como a expressão maior daquela conjuntura cultural e política. Sua reflexão sobre o fracasso do projeto revolucionário, inscrita no seu próprio arrojo de estilo, ressalta a dimensão grotesca do momento político, a catástrofe cujos desdobramentos são de longo prazo, numa síntese dos "descaminhos" da história que teve efeito catártico na cultura. Sua imagem infernal da elite do país abre espaço para o inventário irônico das regressões míticas da direita conservadora que será efetuado pelo Tropicalismo a partir de 1968.

Esta data serve aqui de emblema pois o Tropicalismo corresponde a um conjunto de criações de grande impacto que ocorreram entre a segunda metade de 1967 e dezembro de 1968, quando o governo impõe o Ato Institucional nº 5 que inicia o período mais repressivo da ditadura. Seu núcleo maior estava na música popular. Os Festivais da Canção promovidos pelas redes de televisão foram o espaço de onde emergiu a ruptura de Caetano Veloso e Gilberto Gil, ainda em 1967. Em 1968, é lançado o disco coletivo *Tropicália*, nomeado a partir de uma canção de Caetano que, por sua vez, tomava a expressão "tropicália" de uma instalação de Hélio Oiticica, exposta no Museu de Arte Moderna do Rio de Janeiro em maio de 1967, época em que *Terra em Transe* foi exibido na mesma cidade. No teatro, 1967 foi o momento de encenação, pelo Grupo Oficina, dirigido por José Celso Martinez Correa, da peça O *Rei da Vela*, escrita em 1933 por Oswald de Andrade; e 1968 foi o ano da encenação de *Roda Viva*, de Chico Buarque de Holanda, também dirigida por José Celso. Neste momento, passamos de uma arte pedagógico-conscientizadora para espetáculos provocativos que se apoiavam em estratégias de agressão e colagens pop que marcaram a politização, no Brasil, de protocolos de criação que, na origem (Estados Unidos), tinham outro sentido. A ironia dos artistas privilegia a sociedade de consumo como alvo, num momento em que, no Brasil, há uma nova forma de entender a questão da indústria cultural e o novo patamar de mercantilização da arte, da informação e do comportamento jovem, incluída a rebeldia. A tradição do rádio e da televisão passa a ser observada com outros olhos: o cinema reincorpora a chanchada (*O Bandido da Luz Vermelha, Macunaíma, Brasil Ano 2000*), os artistas trabalham com maior nuance as ambiguidades do fenômeno Carmen Miranda, antes reduzida a um paradigma do colonialismo; a vanguarda flerta com o *kitsch*, abandonando de vez qualquer resíduo de pureza, tanto no eixo da poesia quanto no eixo da questão nacional.

Um dado central no biênio 1967/68, que terá consequências na emergência do Cinema Marginal em 1969, é a recusa de uma visão dualista do Brasil. Esta sublinhava a oposição entre um país rural, matriz da identidade nacional, e um país urbano, lugar de uma descaracterização da cultura por força da invasão dos produtos da mídia internacional. O Tropicalismo, de modo especial, instaura uma nova forma de relação com tais influxos externos e produz o choque com suas colagens que trabalham a contaminação mútua do nacional e do estrangeiro, do alto e do baixo, do país moderno — em pleno avanço econômico e urbanização — e do país arcaico, este que até setores da esquerda cultivavam, no plano simbólico, como reserva da autenticidade nacional ameaçada. Em sua montagem de signos extraídos de contextos opostos, o Tropicalismo promoveu o retorno do modernismo de Oswald de Andrade e combateu uma mística nacional de raízes, propondo uma dinâmica cultural feita de incorporações do Outro, da mistura de textos, linguagens, tradições. No cinema moderno brasileiro, tal mistura é a tônica de cineastas como Joaquim Pedro, a partir de *Macunaíma*, Sganzerla, Ivan Cardoso, Arthur Omar e

Júlio Bressane, cuja obra é feita de invenções-traduções que convocam um amplíssimo repertório.

A cultura brasileira do final dos anos 1960, digamos pós-*Terra em Transe*, representou a perda de inocência diante da sociedade de consumo, e mobilizou o dinamismo do próprio mercado para tentar uma radicalização de seu poder dissolvente do lado patriarcal, coisa de família, da tradição nacional. Ao mesmo tempo, introduziu neste dinamismo moderno uma leitura desta tradição que, embora irreverente, marcou uma continuidade das referências e sublinhou o que havia de "questão nacional", modernamente entendida, naquela esfera do processo cultural, mais nítida em sua internacionalização. As descontinuidades e o tom enigmático de sua representação foram analisados, por parte da crítica, como uma versão moderna de esquemas alegóricos tal como analisados por Walter Benjamin em textos que redefinem as relações entre o mundo moderno e o barroco, ou as relações entre alegoria, representação e temporalidade. A matriz benjaminiana inspirou nova reflexão sobre as vicissitudes da revolução brasileira — essa que o golpe de 64 travou — e sua representação nas artes. À experiência então recente de malogro podia ser associada à constelação de momentos da história em que movimentos promissores sofreram solução de continuidade, trazendo à tona as "interrupções" e a face descontínua da história quando esta é observada do ponto de vista dos vencidos, dos projetos abortados. A colagem tropicalista apresentaria um inventário das descontinuidades da história dos vencidos, cujo termo final seria a crise do sujeito no mundo contemporâneo, em especial a morte de dois sujeitos históricos: a do proletariado no seio da cultura de massas e a das nações no seio da globalização.

Representação da experiência dos vencidos, tematização do colapso dos sujeitos históricos "clássicos" — estes são dados centrais da postura do Cinema Marginal que, tanto quanto a própria geração do Cinema Novo, deu andamento, mas em outro estilo, às interrogações vindas da Tropicália. A nova geração não reivindica possuir um mandato popular, não supõe a "comunidade imaginada" da nação de que seria porta-voz[4]. Em filmes como *Orgia* (Trevisan, 1970), *Jardim das Espumas* (Rosemberg, 1969), *O Anjo Nasceu* (Bressane, 1969), a tônica dominante é de errância por um espaço que se afigura como um inferno, inserção numa história que é violência e corrosão, sofrimento que não se redime. Tal iconoclastia é correlata às rup-

4 Uso a expressão "comunidade imaginada" no sentido cunhado por Benedict Anderson, em sua análise do conceito de Nação. Ver *Imagined Communities: Reflections on the Origins and Spread of Nationalism* (Londres, Verso, 1983).

turas trazidas pelo "teatro de agressão", especialmente do grupo Oficina; e uma nova política do corpo gera nas telas rituais que afirmam a liberação sexual em curso. À provocação tem como alvo as tradições cristãs associadas aos donos do poder; e quer dar expressão ao leque de subculturas dos grupos marginalizados, em choque direto com um provincianismo que, naquele momento, recebia um impulso militar. Nos momentos em que é mais decisivamente experimental, o Cinema Marginal é radical na ironia quando esvazia a própria ordem das narrativas, seja em *Bang Bang* (Andrea Tonacci, 1970) e nos filmes da produtora Belair, de Bressane e Sganzerla. Em tudo a contestação ao Cinema Novo é avessa às adaptações da linguagem aos parâmetros de mercado que, a partir do final dos anos 1960, este movimento assume, preocupado em garantir a continuidade de um cinema nacional menos ansioso por uma Revolução, de resto já fora do centro. Embora alvo do ataque dos mais jovens, a busca cinemanovista de uma linguagem comunicativa tem algo de peculiar, pois se faz dentro dos postulados do cinema de autor, sem uma política de produção empenhada na consolidação de gêneros estáveis, privilegiando obras que nos deram exemplos notáveis de linguagem moderna: *Os Inconfidentes* (Joaquim Pedro, 1972), *São Bernardo* (Hirszman, 1972) e *Toda Nudez Será Castigada* (Jabor, 1972). No caso de

Glauber, há inclusive a tônica do experimentalismo, de *Câncer* (1968/72) a *A Idade da Terra* (1980), embora ele tenha polemizado com Godard, em *Vento do Leste*, em favor do filme de mercado como fator de institucionalização de cinemas nacionais no Terceiro Mundo.

Há nuances nos movimentos dos cineastas nos dois pólos da polêmica e esta ganha novos contornos a cada fase, entre 1969 e 1973. De qualquer modo, pode-se dizer que o cinema moderno brasileiro entra o período da abertura política, 1974/79, alimentado por estes debates entre uma estética atenta ao que é aceitável no mercado — é o momento da expansão das atividades da Embrafilme e da convocação "mercado é cultura", de Gustavo Dahl — e uma estética que, com todos os riscos, entendia que a via do modernismo implicava a continuidade da experimentação. Nos anos 1970, a divergência dos grupos se expressa na pertinência ao esquema Embrafilme ou na pertinência ao "salão dos recusados", mas seria simplificar demais o processo do cinema moderno se reduzíssemos seu movimento a esta luta bipolar. Outras tendências e outros autores se fizeram presentes ao longo dos anos 1970, fora de tal classificação, sempre enfim esquemática. Neste período, os dados mais característicos do cinema moderno se atualizam e se renovam com consistência em filmes de cineastas como Ana Carolina (*Mar de Rosas*,

1976), Carlos Alberto Prates Correia (*Perdida*, 1976, e *Cabaré Mineiro*, 1980), Jorge Bodansky/Orlando Senna (*Iracema*, 1974) e Arthur Omar (*Triste Trópico*, 1974), para citar apenas o trabalho dos que, não mencionados aqui nos elencos do Novo e do Marginal, revigoraram, ao longo dos anos 1970, a pesquisa de linguagem e a busca do estilo original ao discutir a formação histórica e os problemas contemporâneos do país. A realização de filmes de impacto atesta a hegemonia da tradição moderna até o início dos anos 1980, e tomo aqui como ponto limite simbólico desta vitalidade o ano de 1984. Este é o ano de *Memórias do Cárcere* (Nelson Pereira), que fecha o diálogo do Cinema Novo com Graciliano Ramos, cuja experiência do cárcere é agora assumida como uma alegoria dos anos de chumbo no momento em que se consolida a abertura. Dado mais decisivo, é o ano do filme-síntese *Cabra Marcado Para Morrer*, de Eduardo Coutinho, obra que recapitula todo um processo de debate do cinema brasileiro com a vida política nacional e o faz com densidade, pois encaminha seu debate com a história e com os anos de ditadura a partir de múltiplas estratégias que recapitulam, por sua vez, a tradição do documentário no Brasil — incluída a experiência então recente das reportagens da televisão. Estão aí condensados vinte anos de regime militar, no limiar da Nova República que, curiosamente, veio, a partir de 1985, definir o marco mais decisivo de atomização e perda de *élan* — embora não o desaparecimento completo — da constelação moderna. Esta, na segunda metade dos anos 1980, esgotou seu dinamismo e se dissolveu num contexto em que as forças vivas já são outras. Consolida-se neste momento uma tendência já presente no início da década de 1980, quando o cinema moderno, no que toca à originalidade de estilo, havia perdido densidade, em meio a impasses na política de produção do dito "filme cultural", e havia apresentado clara dificuldade de adaptação às novas demandas do processo cultural. Já presente no início dos anos 1980, o processo de dissolução do moderno se escancara com a Nova República que enterra de vez uma matriz para pensar o cinema e o país. A discussão de novos desenhos institucionais adequados aos novos tempos se instala mas não consegue quebrar a inércia do aparato de produção montado, enquanto o teor do cinema efetivamente realizado consolida a dissolução das referências culrurais que atuavam desde os anos 1960. Claro que, ao longo deste período, até o colapso de 1989/90, alguns dos. cineastas mais experientes continuaram seu percurso, mas já como exemplos de um estilo de cinema feito segundo o que já era fórmula estratificada, em um momento em que os que tinham mais voz no esquema de produção em torno da Embrafilme já representavam os setores mais refratários às condições postas pela nova ordem do audiovisual. A marca dos anos 1980, principalmente em sua segunda metade, se deslocou, sem dúvida, para um cinema que, em nova chave, recusou os modelos da constelação moderna até então ainda hegemônicos.

A CONSTELAÇÃO MODERNA E OS ANOS 1990

Minha descrição do que identifiquei como constelação moderna do cinema brasileiro a caracterizou como um processo dotado de uma clara unidade que não se abalou, pelo contrário, se alimentou das polêmicas e rupturas que marcaram o período mais vigoroso do cinema feito no Brasil. No breve retrospecto, procurei destacar um tipo peculiar de ajustamento entre as propostas estéticas — o tipo de cinema que respondeu às inquietações das gerações que nele se engajaram — e as condições sócio-econômicas do país, dentro do processo de modernização que, acelerado a partir do final dos anos 1950, provocou, de início, ventos favoráveis à produção de cinema, mas acabou por mostrar seus efeitos mais adversos nos anos 1980, com a hipertrofia da TV e a nova ordem planetária na esfera do audiovisual. Tal como foi observado, há uma nítida correlação entre este processo de expansão econômica e a modernização cultural no período. O debate estético evidenciava um esforço de sintonia do cinema com o contemporâneo, trazendo, ao mesmo tempo, uma articulação muito específica com a "questão nacional", traduzida em recapitulações históricas, inventários do presente, discussões sobre identidade cultural, diálogos com a tradição literária e a música popular, traços que se fizeram presentes nas várias tendências em conflito. Claro que, ao focalizar tal experiência, não pressuponho que a constelação moderna, com sua peculiar articulação, constitua uma referência exclusiva para o cinema de hoje, ao se pensar o diálogo dos cineastas com a tradição e o problema da viabilidade da produção, em franca retomada. Sem dúvida, o cinema moderno tem sido objeto de maior atenção; continua o mais frequente ponto de referência. O que se explica não somente por sua relativamente longa duração (em termos do cinema brasileiro), ou por sua proximidade em face do momento atual, mas também porque é inegavelmente a referência mais rica, quando comparada com o que veio antes e mesmo com o que se configurou de novo nos anos 1980, antes do colapso.

Em verdade, não houve condições para um forte cinema clássico brasileiro no momento em que este foi procurado e tinha sentido enquanto proposta. Sua estética exigia, em 1930, 1940 ou 1950, um aparato de produção e distribuição fora do alcance, o que tornou instáveis, rarefeitas, problemáticas ao extremo as tentativas de um estilo hollywoodiano no Brasil. Tal período se pautou por uma tensão específica entre os ideais de luxo e impecabilidade técnica típicos de uma ideologia industrialista — a qual testemunhou uma prática do "cinema de padrão internacional" muito aquém do desejável — e um cinema popular pragmático, viável e "enraizado" (a chanchada). Este último foi mais bem-sucedido porque se valeu da parceria produção-exibição, buscou forte apoio na música popular e no carnaval, embora tenha sempre se processado dentro de limites claros e, desde sua primeira concepção, já tenha se desenhado em termos modestos e com clara consciência de sua condição subalterna no mercado.

Na outra fronteira do processo, quando a constelação moderna se desvitaliza, sem dúvida há um espírito de retorno a uma textura de imagem que retoma o eixo Vera Cruz-cinema publicitário, embora na nova realidade a mentalidade dos jovens cineastas não fosse, nem poderia ser "clássica", industrialista, nos termos dos anos 1950. De qualquer modo, o cinema que se adensou em meados dos anos 1980, que se destacou em festivais e debates, afirmou propostas alheias aos parâmetros do cinema moderno, principalmente no que diz respeito à preocupação com um "estilo nacional" ou os diagnósticos gerais do país, voltando-se mais para um corpo a corpo com os dados dominantes na produção internacional que lhe era contemporânea. Sem descartar a experiência do cinema moderno na adaptação do "modo de produção" à realidade brasileira, o novo cinema dos anos 1980 afastou-se de seus temas e estilos, enterrou a estética da fome, afirmou a técnica e a "mentalidade profissional".

Nos anos 1980, as transformações do cinema brasileiro emergiram de diferentes focos — São Paulo, Porto Alegre, Rio de Janeiro — mas o pólo emblemático do novo cinema foi a produção paulista. Se é possível observar que um novo design se esboça no inicio da década, a partir de filmes como *Eu Te Amo* (Jabor, 1981), seu desenvolvimento mais orgânico e articulado numa produção diversificada se dá, para valer, em São Paulo, quando uma nova geração pratica uma cinefilia reconciliada com a tradição do "filme de mercado" sem os resíduos nacionalistas do "mercado é cultura" derivado do Cinema Novo. São realizados filmes cheios de citações, nos moldes da própria produção norte-americana dos anos 1980; é reformulado o diálogo com os gêneros da indústria e são descartadas as resistências aos dados de artifício e simulação implicados na linguagem do cinema, descartando-se de vez o "primado do real", o perfil sociológico das preocupações. Alguns críticos associaram tal ênfase no "profissional para mercado" à ideia do pós-moderno, em voga desde então, traço que, por outras vias, sinaliza o seu afastamento em face da tradição instalada pelo Cinema Novo. Diversificada em suas propostas, nem sempre restrita ao figurino desenhado acima (as diferenças são nítidas entre Suzana Amaral, Chico Botelho, Djalma Batista e Sérgio Bianchi, por exemplo), a experiência paulista se empenhou no ajuste às novas condições de um Brasil onde a urbanização avança mas o cinema se retrai, sendo precocemente atropelado pelo aguçamento da crise econômica e política do cinema brasileiro. E o colapso de 1990, talvez pela proximidade, estabeleceu um hiato radical que projetou sobre toda a produção anterior a pecha de ciclo encerrado. A própria noção de "renascimento", então em voga, sinalizou este sentimento de descontinuidade ainda vigente, cujos termos e consequências só poderão, no entanto, se definir melhor na medida em que o processo avance.

As vicissitudes do cinema brasileiro no início dos anos 1990 repunham o fantasma da sucessão dos ciclos que, em determinado momento, parecia ser etapa superada. Travado, o sistema — cuja dissolução precoce tanto preocupou Paulo Emilio — parece estar sempre em formação, talvez porque condenado pela história maior a não se consolidar. O tempo parece apenas mudar a forma, e também a força, dos seus obstáculos. O que, dada a sofisticação e novidade radical dos entraves em torno de 1990/93, projetou sombras de uma crise crônica e insuperável para uma cinematografia que passou a partilhar seus dramas de sobrevivência e desenvolvimento com um elenco enorme de experiências nacionais em que a nova cifra do debate era a esfera do "audiovisual" em seu conjunto, sinal de uma condição subalterna do cinema que invertia as hierarquias do passado na constituição da esfera pública de massas. Se até os anos 1960 não parecia insensato pensar, na América Latina, um projeto de cultura popular urbana com os cineastas na ponta, a partir dos anos 1980 ficaram claros os limites de tal projeto. Este afirmou, sem dúvida, seus méritos estéticos, mas tal qualidade não se confundia com o que, enfim, permite viabilizar uma produção cinematográfica estável dentro de um sistema de cultura industrial de grande audiência, se é isto o que se deseja. No Brasil, a constituição de uma continuidade vigorosa no plano do cinema, ao contrário do que aconteceu com a música popular, se prejudicou diante de diferentes conjunturas desfavoráveis ao longo do século.

Focalizei aqui a constelação moderna que foi hegemônica por mais de duas décadas. Tal constelação foi produto de duas gerações que viveram condições materiais particulares que alguém, *a posteriori*, pode julgar mais amenas em face dos outros momentos do cinema brasileiro: afinal, o cinema moderno engatou na modernização exatamente no interregno em que esta abriu espaços para o nacional-desenvolvimentismo alavancado pelo Estado, entre os anos JK (1956/60) e o período Geisel (1974/79). Foi, portanto, um cinema embalado pelos influxos gerados pelo modelo substituidor de importações hoje transformado em arcaismo pela nova ordem internacional. O essencial, porém, é que o mérito maior deste cinema moderno, em seus momentos mais fecundos, foi saber, acima de tudo, "capturar o tempo", entender o mecanismo mais fundo dos entraves então vigentes ao cinema da América Latina, de modo a compor o período mais brilhante de uma cinematografia, inventando uma estética apta a favorecer talentos, ao invés de frustrá-los (desta frustração, os dados mais simbólicos no período clássico são o percurso de Lima Barreto e as vicissitudes do próprio Alberto Cavalcanti no Brasil dos anos 1950).

Se o cinema moderno encontrou seu ponto de esgotamento, cabe observá-lo como um dado, entre outros, de repertório, sem a ilusória busca de fórmulas a repetir. Na conjuntura atual, o sentido de "capturar o tempo" — intervenção apta a adensar e definir a personalidade e os horizontes do novo cinema — é necessariamente diferente do que foi em qualquer momento mais ou menos feliz do passado. Desde 1993, quando a nova produção se tornou visível, adquirindo maior densidade a partir de 1995, sua variedade de estilos tem dificultado a caracterização de tal "personalidade". O dado típico da década de 1990 foi a diversidade, não apenas tomada como fato, mas também como um valor. E o dado curioso desse "viva a diferença" é que ele não se associou à batalha por um cinema de autor contra padronizações do mercado, embora em termos práticos o autor tenha prevalecido. Mais aberto a parcerias e talvez menos soberbo na postura, ele ou ela continuaram como força maior na constituição de um pólo de qualidade na produção. O clima cultural, porém, não realçou questões de princípio como pólos de debate, seja a questão nacional, a oposição entre vanguarda e mercado, a disparidade de orçamentos e estilos. A tônica, desde 1993, tem sido o pragmatismo.

A nova forma de apoio à produção favoreceu tal clima, pois estabeleceu um guarda-chuva generoso que abriga a variedade. A lei do audiovisual — esquema de isenção fiscal que faculta às empresas um mecenato feito às custas do próprio governo — tem sido o grande suporte do cinema, oferecendo uma moldura para a liberdade de estilo, desde que se tenha acesso mundano, e de classe, aos "canais" para captar recursos junto às empresas ou a governos locais que procuram favorecer a descentralização. A escolha entre a inserção no circuito do "cinema de arte" ou a tentativa de comunicação com o grande público depende fundamentalmente dos realizadores, pois não há pressão imediata por retorno de capital, valendo mais a convicção pessoal que dirige o projeto numa direção ou noutra. Dentro da brecha criada pela legislação, os cincastas vão trabalhando, cada vez mais cientes de que podem estar vivendo uma bolha de produção com morte anunciada se não houver imaginação capaz de produzir uma política de que o cinema ainda carece.

Quando observo a ausência de debate, isto vale acima de tudo para a relação estética com o passado. O cinema da década exibiu sua diferença, mas não esteve preocupado em proclamar rupturas. Privilegiou alguns dados de continuidade, como, por exemplo, na série de filmes que focalizaram os temas da migração, do cangaço e da vida na favela, num retorno a espaços emblemáticos do Cinema Novo. Certos núcleos temáticos se recompuseram, como a questão da identidade nacional, e permaneceu o recurso a esquemas alegóricos na representação do poder. Mas há agora nítidas diferenças na forma de se entender o papel da fotografia, do cinema e da televisão na formação do sujeito, e na maneira de se conceber o jogo de poder no qual os produtores de imagem estão inseridos, numa tônica bem distinta daquela que tendeu à heroização do cineasta independente como revelador de um Brasilverdade para os brasileiros, tal como vimos nos anos 1960 e 1970. O cineasta passa a se reconhecer de forma mais incisiva como parte da mídia que tanto tematiza, peça de um grande esquema de formação da subjetividade. E quando está empenhado na discussão do poder, ressalta o lado invasivo não só da TV ou do cinema estrangeiro, mas também o da própria experiência que sua prática engendra em seu contato com a sociedade. Digamos que perdeu a inocência, que conduz seu trabalho já não mais tão convicto da legitimidade "natural" de seu encontro com o homem comum, com o oprimido. Perdeu as certezas típicas daquela época em que a cinefilia continha, em si mesma, uma forte dimensão utópica, de projeção para um futuro melhor da arte e da sociedade. Não reitera, pelo menos com o mesmo vigor, aquela fé na vocação emancipadora de uma prática que, uma vez inspirada numa postura contestadora a Hollywood, desencadearia um processo de desalienação. Não vivemos mais o tempo em que o cineasta se via como portador de um mandato que, no caso brasileiro, se concebia como vindo do próprio tecido da nação, suposto muito mais coeso e já constituído do que, em seguida, a realidade veio mostrar. Conhecemos os rumos da cultura e da política nos últimos anos que resultaram, para o cineasta brasileiro, neste sentimento de perda do mandato, de fim daquela utopia do cinema moderno. Como decorrência, há um deslocamento da própria auto-imagem dos autores que vivem ainda a política da identidade nacional, da necessidade de um cinema brasileiro, mas não traduzem em seus filmes a mesma convicção de serem porta-vozes da coletividade. Há excessões, mas este terreno hoje está mais do que tudo incorporado à retórica da Rede Globo de Televisão, com sua versão industrializada e mercadológica do nacional-popular bem estampada nas novelas e nas minisséries, produtos que, para alguns cineastas (Fábio Barreto, Sérgio Resende), funcionam como referência legítima e, para outros (Tata Amaral, Murilo Salles), como alvo de uma crítica estética que se articula à própria maneira como focalizam, no próprio enredo de seus filmes, a interferência da televisão na sociedade brasileira. Sem retomar aqui a questão do nacional-popular, ainda residualmente em pauta na cultura, quero apenas lembrar o quanto, já na década de 1970, houve um percurso polêmico em torno dela, seja no debate entre os militantes dos Centros Populares de Cultura e o cinema de autor dos cinemanovistas, seja na querela que opôs Glauber Rocha e os defensores de uma arte pedagógica por ocasião do lançamento de *Terra em Transe*, que colocou em questão muitos dos pressupostos que alimentavam a ideia do mandato popular de que o artista se investia. Ressaltei na abertura deste artigo como, no início dos anos 1970, se fazia presente o senso de uma crise da história e do cinema que contrastava com as esperanças do início dos anos 1960. Era o momento em que se configurava melhor a questão da "ameaça interna" representada pela televisão, num sistema da mídia que veio se complicar aos olhos dos cineastas mais claramente depois de 1969, pois antes estavam totalmente voltados para o pesadelo maior da dominação do mercado por Hollywood. Tal "ameaça" era efetiva não somente por força da hipertrofia peculiar da TV na sociedade brasileira, mas também pelo seu divórcio, favorecido pelas leis do país, com o cinema local, que muito perdeu comercialmente em função disto. Compôs-se um quadro de desconfiança mútua que, apesar de algumas iniciativas pontuais, ainda persiste, e o cineasta enfrenta uma difícil equação: de um lado, é a pressão vinda da retração do mercado cinematográfico, correlata ao consumo doméstico da TV; de outro, é a força renovada do cinema americano após sua revolução *high tech* feita a partir de *Guerra nas Estrelas*.

Nos anos recentes, saído de sua crise maior (a de 1990), o cinema brasileiro se recompôs, mas sem conseguir resolver nenhum desses dois pólos da equação que expressa sua fragilidade institucional, ressalvadas suas conquistas estéticas. De certo modo, pode-se observar o esforço atual como reedição, em nova conjuntura, da mesma luta contra o fantasma do desencanto que era, em 1973, o pano de fundo da fórmula provocadora de Paulo Emilio: na economia do cinema brasileiro, o subdesenvolvimento não é uma etapa, é um estado. Dados os impasses atuais, não se pode vislumbrar ainda o momento em que poderemos descartá-la.

caderNos ultramares